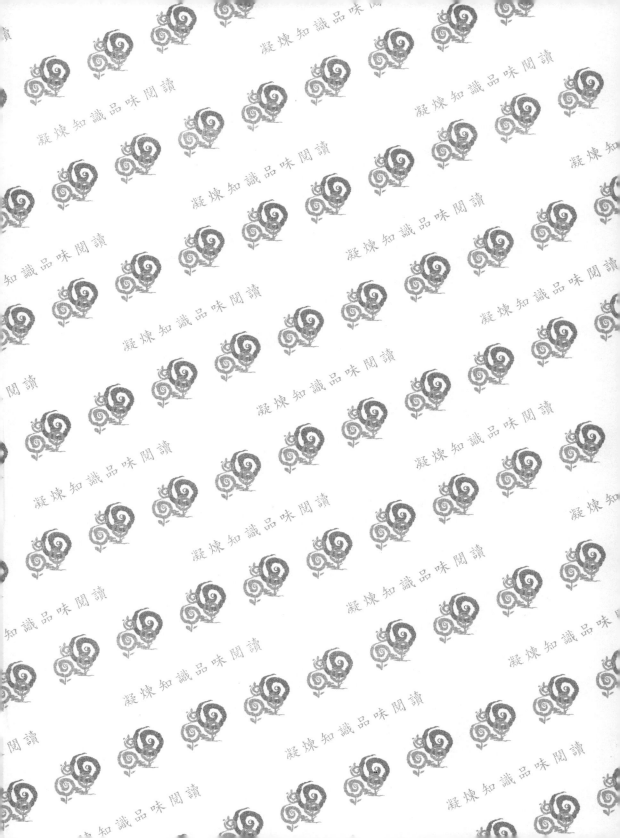

台灣
政治經濟學

Taiwan's Political Economy

Cal Clark、Alexander C. Tan 著

陳永福 **審閱**
劉詩芃、張采綾、楊雅婷、王珮庭 **譯**

目　錄
CONTENTS

表目錄
TABLES

圖目錄
FIGURES

中華民國的政治經濟演變在台灣呈現出來的樣貌是十分矛盾的。自1960年代到1980年代，這個國家歷經了一連串被稱之爲「經濟奇蹟」的經濟轉型。伴隨而來的是始於1980年代晚期至1990年代中葉一個成功的民主轉型，以這個國家長期處於威權統治的視角來看，這個轉型或許可以被視爲「政治奇蹟」。因此在1990年代早期，對發展中國家而言，台灣可被視爲一個成功的故事和模範。然而，經濟與政治轉型後並非從此過著幸福快樂的日子，在過去二十年間中華民國面臨了一連串的挑戰。

經濟上，台灣進步相當迅速，從1950年代的國內輕工業，到1960年代至1970年代早期奠基於手工業而帶來的出口繁榮，再到1970年代晚期至1990年代早期大量產業升級爲重工業及高科技產業。並且，經濟發展的成果廣施衆人，實質地減少了貧窮與收入不平等的情形，創造了一個「公平增長（growth with equity）」的紀錄（Chan and Clark, 1992; Galenson, 1979; Gold, 1986; Wade, 1990）。政治層面上，在國民黨政權明顯因爲正處於戰後期間而發展遲緩時，台灣於1980年代中葉至1990年代中葉經歷了一個平和、合意的民主轉型（Chao and Myers, 1998; T. J. Cheng and Haggard, 1992; Y. H. Chu, 1992; Copper, 1997; Fell, 2005; Rigger, 1999b; Tien, 1989, 1996a）。

儘管擁有這些顯著的成就，台灣很快地陷入來自中華人民共和國（PRC）日益增長的衝突與威脅，並擔心先前自誇的經濟空洞化，以及國內政治的極化和僵局（Clark, 2006）。常見於工業化的進程中（Kuznet, 1976; Rostow, 1960; Schumpeter, 1950），許多國家的傳統產業被迫移轉海外，尤其是前往中國尋求廉價勞力。此外經濟承受不斷增加的壓力，其壓力來自於接替台灣舊產業的發展中國家與世界上發達的國家在已存項目上嚴峻的競爭，台灣面臨雙邊競爭夾擊的困境（J. Wang, 2010）。而且隨著不斷的與中國經濟一體化，創造了對政治敵人的依賴，使其藉此威脅以試圖消除台灣的存在（Kastner, 2009）。在政治上，國家的新民主制度呈現出來的樣貌是超級黨派之爭（hyperpartisanship）以及永無止盡的政治、個人鬥爭帶來的政策僵局，而政治化的經濟政策制定與一件一件醜聞亦隨之而來（Clark, 2006; Tan, 2008）。

我們在此提出台灣在二十一世紀早期面對的許多挑戰，是源自於先前的成功所耗費意料之外和預期中的代價。事實上，在台灣快速發展的軌道中，某一時刻為促進成功的經濟和政治發展的所作所為，後來在變動的環境中反而適得其反。舉例來說，在經濟領域上，中小型企業（SMEs）是推動台灣自1950到1980年代產業升級的主要動力（Lam and Lee, 1992; Myers, 1984; V. W. C. Wang, 1995; R. I. Wu and Huang, 2003）；但到了1990年代，這些特質在過去讓中小企業得以如此成功，後來卻削弱了他們為台灣未來成長的能力（J. Wong, 2010; R. I. Wu and Huang, 2003）。政治上，民主化終結了專制的濫用（Rigger, 1999b）以及促使主要政黨更能反映公眾的期望，如創造了現在被認為是全世界最好的健康保險系統（J. Wong, 2004）；相反地，民主化亦使得有效的政策制定更加困難，因其政治化經濟與財政政策（Tan, 2008）亦極化了政治制度上的族群認同（Clark, 2006; W. C. Lee, 2005）。

即便台灣不斷面臨隨之而來的挑戰，仍不應該掩蓋其主要而重大的成就。得來不易的民主現在已經可以被認為是鞏固且正當的，其成就值得肯定。例如選舉的結果和權力轉移被廣泛接受，而威權時代的政治壓迫和濫用已無法想像。在經濟領域，台灣變成一個公平的繁榮社會，維持相當程度的成長，而中國並無法從兩岸不斷成長的經濟整合中試圖獲得更多利益。

因此，諷刺地說，台灣現在正面臨著先前發展的成功所帶來的代價。也就是說過去得以運行的制度和策略到現在反而適得其反。這使我們想起曼瑟爾·奧爾森（Mancur Olson）（1982）於《國家的興衰》（The Rise and Decline of Nations）一書所提出的理論，他主張一般被認為是經濟發展的先決條件的政治穩定，將會變得機能失調；當它與強大的利益團體連結在一起時，會運用他們的政治影響力來扭曲經濟以追求他們個人的既有利益。對台灣來說，此一理論觀點明顯混合隱晦意涵。一方面，它意指中華民國現在面對的「成功的代價（cost of success）」是不可避免的；另一方面，還沒完全黯淡的現實狀況提醒著我們國家半世紀來在面對發展的挑戰時所展現出來的彈性和成功。

本書規劃

在本書一開始的前兩章我們探討中華民國的政治與經濟發展。在這些章節中，我們提供了一個政治經濟的概論，並呈現其發展的歷史進程與過去的成就是如何創造現在必須處理的「成功的代價」。在接下來的三個章節中，我們將討論台灣現在面臨三種不同型態的挑戰：首先是經濟形勢；其次是國家政治制度所造成的問題；再者是兩大黨所作出不當的政治策略是如何造成惡意的極化與政策僵局，雖然有一些信號顯示政治溫度有趨向溫和的趨勢。最後，我們尋求為當代政治經濟描繪一個不偏頗的樣貌，並做出結論，儘管過去的成功伴隨著代價，台灣仍透過折衷而非正統的方式持續進步。

在第二章，我們分析台灣的經濟奇蹟。在1950年代晚期到1990年代早期之間，台灣的經濟歷經了一連串經濟轉型，從以農業為主到出口導向的輕工業、再到重工業、高科技產業以及一些高階的服務業。回顧這些轉型的發生是相當快速且出人意料地平和。它們亦呈現出一個在國有與私有企業之間複雜的交互作用，這具有政治上的重要性，因政府由外省人主導（如那些於1940年代晚期與蔣介石一同來台的人民），而商業則是由本省人主導（如在日本殖民時期之前就移居來台的中國移民）。國家明確地扮演了關鍵角色來推動國家的經濟轉型，但僅是明確，而非如同日本、韓國等其他發展國家投入高度的投資產業政策。確實地，經過1980年代，台灣核心的出口富礦帶（bonanza）來自中小企業與這個政權有直接的連結。在這一章裡，我們描述第一次台灣經濟轉型中四個原則性舞台（我們將於第四章中討論第五個），呈現兩個個案研究以提供更多細節和細微的差異來分析，並引證一個國家在經濟發展中的角色之模型。

在第三章，我們討論出乎意料容易的民主轉型。工業化或多或少創造了一群受過良好教育的中產階級，而他們要求政治參與和改革（Jackman, 1975; Lipset, 1959; Neubauer, 1967）。從這個觀點出發，民主化在台灣似乎是受到蔣介石的極權國民黨明確地推遲，到1980年代晚期民主轉型尚未眞正地開始。然而一旦開始發生後，它進行地十分平和與快速。如同經濟的轉型，分歧的團體從台灣成功的民主轉型中得到應得的信用。事實上，改革者包含執政的國民黨與這個政權的政治反對者，即組成民主進步黨的這些人，幫助推動政治改革，並爲民主創造了一個寬厚的基礎。我們在這一章的開頭會對威權時代做一個簡短的摘要，隨後概念化台灣民主化的過程中一系列正式或非正式政治協定的條款，用以描述國家政黨體系的自然進化，並且討論主要議題如何去幫助形塑政治競爭。

第四章中，我們認爲台灣正朝向一個不斷面臨夾擊（boxed-in）的經濟體進化。中華民國是第二次世界大戰後第三世界中快速發展的先驅之一。這同時帶來優勢與劣勢。一方面，在1950年代晚期和1960年代有一些發展策略的模型，使得它對出口導向所帶來的成長之信任產生疑問。另一方面，全球化與國際產品循環鏈開始將重要的產業自已開發國家遷出，台灣處於得利的位置，得以在此經濟機會中獲得優勢。相反地，過去半個世紀以來台灣在經濟上的成功卻也逐步地限縮了這些機會，並使其經濟有所受限。台灣不斷增長的繁榮現在幾乎要因漫天喊價而失去在世界經濟中的廉價勞工利基，使其失去能夠跟上國際產品循環鏈的競爭者十分重要的部分。這部分的損失大多是轉移至中國，因爲與其經濟整合逐漸加強，對於這個政治崛起並威脅著台灣的超級強權造成了潛在令人不安的依賴。此外，如同台灣與先進工業（或準確來說的後工業）國家之間的差距縮小，台灣有能力在逐漸增加的壓力下與他們競爭。舉例來說，歷經1980年代，中小企業是台灣充滿活力的出口經濟之核心。然而，中小企業在發展過程的舞台上因升級而經歷了一段艱困的時間，而且他們的式微幾乎是與台灣不斷嚴重的不平等與社會緊張連結在一起。我們在這一章的開始先將經濟發展的普遍模式進行理論性的概念化，並運用這個模型來解釋台灣於1980年代晚期以來快速的發展以及從那之後逐漸減緩的成長。然後我們闡明一個論述，此論述認爲台灣近來的經濟挑戰至少部分是源自於過去的成功所帶來的結果，並透過兩個案例研究來評估台灣經濟是受限於中小企業角色的改變還是海峽兩岸逐漸緊密整合的經濟。

在第五章裡，我們舉出一系列民主危機所帶來的問題。台灣的政治制度是承繼自威權時代，因而限制民主政治以及製造了一些不良的影響，如政策僵局危害了政府的能力去有效地回應變動中的經濟與國際環境。有兩個直接的原因導致於此：一是制度權威（權力）模糊不清，因為過去的強人領袖（如蔣介石總統和蔣經國總統）一般來說並不會太拘泥於制度的細節，因此對解決憲法的異常並不感興趣。舉例來說，在民主時代裡是總統或行政院長負責掌控行政機關，以及行政院長與內閣是從屬於總統還是立法院（或兩者）等存在著模糊不清的問題。二是台灣存在著淵遠流長的裙帶政治（patronage politics）傳統，但經濟政策很清楚地與之隔離。在民主時代，這樣的分野遭到破壞，因為政治家需要更多的資金來維持其政治競爭力，也因為無論是國民黨或民進黨並不情願亦沒有什麼熱情來打擊貪腐，因此經濟政策變得更加政治化，如此一來削弱了國家推動發展的能力。在這一章裡，我們討論所有的制度性紛擾，並提供一個詳盡的個案研究用以說明財政部門的政治化。

第六章中，我們從台灣政治中不正當的政治策略來檢驗極化。在過去的幾十年裡，中華民國的政治競爭變得十分兇猛且帶有針對性，使得正常地制定必要政策變得難以達成。這，再一次地反映了在威權統治的時代之下，能尊重其他政治意見的民主體制被壓制並遲滯發展。然而，出現了一些其他的因素並促成一個政治類型，改寫了湯瑪斯・霍布斯（Thomas Hobbes）（1962: 11）的著名描述，而這類型的政治是骯髒、殘忍且永不停歇的。當兩個主要政黨（國民黨與民進黨）的相處在1990年代末變得相當和諧，兩者明顯地達成結論，即是關於他們最佳的競選策略乃是訴諸於其堅定的基礎支持者。這個結果造成了在一些如國家認同和與中國間關係的核心議題上，菁英階層與一般公民兩方嚴重的極化。所以幾乎所有政策主動權的合法性（正當性）都會與無關的國家認同連結在一起，隨之而來尖銳的挑戰與重要的議題因此經常被忽略。所有討厭的政治環境使得全部政策制定，包含經濟政策，都變得非常困難，造成僵局與制度性的停滯。在這一章中，我們描述台灣政黨極化的爆發，並檢驗一切可用來解釋其為何發生的因素。我們分析公共意見的數據資料，顯示出菁英和普羅大眾在國家認同與兩岸關係議題上的意見並不一致。最後，我們提出解釋何以台灣主要政黨按照公眾意見分布的觀點來看其行為會有不合理之處。

在第七章是基於不符正統的折衷說，我們尋求提供一個合適的答案來解釋台灣如何回應這些它自己造成的成功代價。台灣現在面臨許多挑戰，然而這些不能掩蓋這個國家應當感到驕傲的那些成就。它是一個鞏固的民主、繁榮的社會，並且仍是有活力的經濟體；以國際標準而言，它亦是一個相當穩定的國家；以及半世紀以來它能富有革新精神與靈活地回應內外嚴峻的挑戰。除了出色的經濟和政治的壓力、混亂，台灣在面對成功伴隨而來的代價時展現出它的能力與適當的解決方法。我們在本章的開頭提出台灣現今必須面對的成功代價之模型，隨後總結一些因素後提出台灣應保有持續的適應力以面臨這些挑戰，並以一個論證作為總結，即台灣的經濟與政治發展是得自於其適應性，而此適應性乃源自於國家不符正統的折衷。

　　台灣自1950到1990年代間的快速工業化常被稱為經濟奇蹟。僅在數十年間，政府成功地引領了許多基礎及結構上的轉變，將經濟與貧窮的農業社會轉變為公平、均富的工業甚至是後工業社會。然而在過去的十年左右，台灣的經濟成長明顯趨緩，用來解決當前經濟挑戰的最佳策略顯得模糊不清且極具政治上爭議性。雖然政府在國家本質的正當性上存有極大爭議，但仍被普遍認為在台灣快速發展中扮演主導的角色。因此欲檢視台灣經濟，應聚焦於關切何者對促進發展是有用的，而何者是徒勞無功的。

　　在台灣快速發展的歷程中，可分為五個主要的結構轉型時期：第一個時期發生於1950年代，由農業轉型為國內輕工業的快速發展期。第二時期，自1960年代到1970年代初期令人印象深刻的輕工業出口榮景與產品加工，見證經濟改革及社會巨大的轉變。第三個時期則自1970年代中期到1980年代中期，提升至重工業與高科技產業。第四個經濟成熟轉型期則發生在下一個十年，包含首次發生的重要經濟損益。一方面從高科技工業的茁壯以及中產階級的崛起中獲利，但另一方面成熟的產業卻必須逐漸移轉到海外，主要是中國大陸。最後一個時期，自1990年代中期開始有另一個經濟挑戰以及來自成熟產業加速的流失（如果有的話）。對此台灣已嘗試轉型為更先進的生物科技產業以為因應（Clark, 1989, 2009）。

　　本章提供1990年代台灣成功的經濟發展概述，我們先以四個部分來歸納台灣國家經濟前四個結構的轉型，後續提供二個工業發展的案例研究，以更多細節來闡述台灣政治經濟的本質。下一個部分我們將台灣政府在促進經濟發展所扮演的角色予以概念化，最後思考台灣發展模式的全盤本質。

從農業轉型

1949年國共內戰失敗，蔣中正與國民黨政權撤退到台灣後，面對一個貧困、飽受戰爭蹂躪且以農業為主的經濟，為了促進經濟發展與重建，國民黨管理部門首先進行激進的土地改革計畫，而後迅速的提出管制，推動輕工業以替代進口，上述二者獲致極大的成就。此外，政府普及初等教育，增加國家的人力資本，亦有助於國家後續的發展成果。

土地改革計畫有三個部分：(1)1949年減租37.5%；(2)1948至1958間一連串的銷售，將公有農地賣給當時耕種的農民；(3)1953年耕者有其田法案，強迫地主將三公頃以上的農地賣給政府，然後再賣給佃農。這個土地使用權快速的移轉獲得農復會（JCRR）所指導的一個農業技術推廣計畫的輔助與支持。農復會成立農民聯合組織，來推廣新技術、行銷和信用合作以及參與農業規劃。政府亦承諾達成農業的現代化，在1950年代農業投資占全國總投資額的五分之一，且平均每年有14%的實際增加率（S. P. S. Ho, 1978; Koo, 1968; Yager, 1988）。

整體而言，土地改革激勵小佃農的創新與生產，而政府的計畫則能聚集更多資金、地方參與以及技術創新，這二項農業因素的效果因其關聯性及互補性而密不可分，亦深深影響台灣的農村生活及經濟。1959年的土地改革使佃農的主要收入增加44%（S. P. S. Ho, 1978: 169），1950年代農產品每年以4.6%成長和大量的農產品出口（Gallin, 1966; S. P. S. Ho, 1978; Thorbecke, 1979; Yang, 1970），農業盈收使工業化有了資金挹注。農業資金的流出起因於「藏米稅」，即政府壓低稻米的價格而抬高售予農民的肥料價格所獲得的盈收。諷刺的是，這與日本殖民時期所執行的政策十分類似（1895-1945），其區別在於日本從殖民地中奪走這些資源，而台灣則用來資助1950年代的工業化（S. W. Y. Kou, 1983; T. H. Lee, 1971）。

政府亦迅速提升工業化產品的產量，而這些產品之前是需進口的，因此，關稅被大幅提高，對特殊物品尤其是奢侈品實施配額，徵收國外交易稅來抑制進口的進口替代計畫，對台灣工業化歷程產生了重大的影響。首先是刺激工業的成長，其次是國家的工業基礎從食品加工擴展至其他輕工業（如紡織品、鞋類、自行車、橡膠、皮革製品以及化學品等）。第三個影響是，這些新興工業屬勞力密集型，此亦符合國家利益。綜合數據顯示，這些政策非常成功。舉例而言，儘管工業產品成長率有很大的波動，但在1952年至1959年間每年仍有11.5%的成長（Galenson, 1979; S. P. S. Ho, 1978; C. Y. Lin, 1973）。

　　另一個促進公民經濟發展的重要政策是教育，台灣在1950年代實施小學義務教育，1968年將小學義務教育從六年延長至九年，除了義務教育外，亦大幅提高了中等教育以及高等教育的機會。政府對教育大量投資使受過教育的人口增加，可以儲存人力資本，有助於勞動密集型產業中勞動者及企業家的形成，並使個人從快速社會經濟變動的工業化中獲益（T. E. Chen, 1981; P. H. Huang, 1984; Wei, 1973）。

　　綜合數據顯示，台灣的經濟在進口替代階段中表現相當不錯，如表2.1所示，1952年實際經濟增幅爲12%，超過1953年及1954年的9%，雖然接下來的八年是下滑的，但也從未跌破5.5%，1952年至1962年期間強勁地成長7.9%，表2.2比較1952年至1962年的經濟情況，雖然匯率波動造成新台幣兌美金在170美元以下的價格停滯，1962年的國民生產毛額（GNP）因經濟快速成長，較1952年增加1至1.5倍。進口替代計畫很明顯地對製造業產生刺激，國內生產毛額（GDP）從11%上升至17%，成長了50%，雖然農業從業比重由56%輕微下降至50%，但仍以農業爲主。

　　在此時期末，新興工業產品開始出口，在台灣所有工業產品出口額中，從1958年的14%急速增至1962年的50%。但總體而言，出口量仍不多，約占GDP的10%，台灣長期的貿易逆差則約占GDP的5%。在此期間，儲蓄率從GDP的9%上升到12%，對一個貧窮國家而言是相當不錯的。由於美國外援大量流入，投資率在上半年再次提高（Jacoby, 1966）。外國企業的直接投資占GDP的1%到2%。在此期間，政府支出維持在GDP的五分之一，如同政府管理部門所奉行的穩健財政政策及成功的反通貨膨漲政策之一（S. W. Y. Kuo, 1983）。由於土地改革計畫，台灣成功地降低貧富極度不均的程度，將最貧窮與最富有的人口收入比例成功地減少幾乎一半，從20.5%下降至11.6%。

表2.1　1952-1962年間每年實際的經濟成長（百分比）

1952	12.1
1953	9.3
1954	9.6
1955	8.1
1956	5.5
1957	7.3
1958	6.6
1959	7.7
1960	6.5
1961	6.8
1962	7.9

資料來源：行政院經濟建設委員會，《台灣統計資料叢書》，（台北：行政院經濟建設委員會，1987，頁1）。

表2.2　1952年與1962年經濟績效指標

	1952	1962
國民生產總值		
新台幣 $	2,591[a]	6,046
美金 $	167[a]	161
農業（就業%）	56	50
製造業（國內生產毛額%）	11	17
出口（國內生產毛額%）	9	11
貿易平衡（國內生產毛額%）	-6	-5
工業出口（國內生產毛額%）	8	50
儲蓄（國內生產毛額%）	9	12
投資（國內生產毛額%）	15	18
外國投資（總投資%）	1	2
政府支出（國內生產毛額%）	21	21
貧富差距	20.5	11.6

資料來源：行政院經濟建設委員會，《台灣統計資料叢書》，（台北：行政院經濟建設委員會，1987）。

備註：a. 1953數據。

出口榮景

促進經濟發展的進口替代政策在1950年代相當成功，但在1960年代因本土輕工業產品的市場逐漸飽和而失去動力，因此，政府在三大經濟政策中面臨抉擇。它可以繼續當前的政策並期望經濟形勢未嚴重惡化；亦可嘗試針對重工業推行第二階段的進口替代方案，如同聯合國經濟委員會爲拉丁美洲等所提倡的一般（Prebisch, 1950）；或者期望開放經濟來使勞力密集型工業變得更有國際競爭力，或出口這些產品來促進發展。這是一項重大的政策抉擇，而政府正確的選擇造就了台灣的經濟奇蹟。

台灣政府的技術專家獲致的結論是：第三種政策是最好的，並與美國顧問結盟來支持此一激進政策的重新定位。然而出口導向的倡議卻面臨令人沮喪反對意見。首先，這個選擇是有風險的，不保證會成功；的確當時很少有開發中國家選擇此一道路，因爲國內輕工業產品不具國際競爭力，許多謹慎的領袖擔心如開放國內市場將招致嚴重的後果。其次是，解除國內的經濟管制，挑戰了許多黨政官員與仍在經濟上扮演重要角色的國營企業的既得利益。第三是，軍方強烈建議發展重工業來幫助國防採購。儘管有這些強烈的反對意見，改革者們卻能夠獲得蔣介石的支持，爲中華民國的經濟開創新局（Gold, 1986; S. P. S. Ho, 1987）。因此政府採用許多重要的政策來提升出口、國內投資與工業化。這些政策爲出口提供多種誘因，如匯率變得更實際可行（例如：被高估的新台幣貶值）、降低價格使出口產品更具競爭力並能夠獲利。此外，對出口商而言，低廉的信貸及進口零件折扣使進口替代政策變得更爲可行，成立商業工會來促進及資助出口，設置「加工出口區」（EPZs）刺激台灣低成本勞工的產品加工。從國內而言，稅制改革、降低管制能夠刺激創新、民間企業的擴張及鼓勵國外資金的投入。由於大部分的出口商需要進口各種零組件，當時貿易保護主義是十分開放的，例如：關稅大幅度地降低（Galenson, 1979; Haggard, 1990; S. P. S. Ho, 1978; K. T. Li, 1988; C. Y. Lin, 1973）。

新的經濟政策非常成功，如表2.3所示，1962-1973年間每年的成長數據及表2.4所示1962-1973年的經濟指標對照表。在這十一年中有七年的經濟成長是兩位數的,且未跌破9%。整個時期每年實際成長平均達11%。GNP成長約四倍,從178美元大幅上升至695美元,這種驚人的成長也與整體經濟的轉型有關。1962年到1973年製造業占GDP的比重從1962年的17%到1973年的36%,顯示已達深度工業化,反之,農業的從業比重下降38%,從原先占總體的50%下降至31%。很顯然地,台灣經濟在十二年間已經迥然不同。

這種出口導向型的成長,如表2.4數據所示,從1962年的11%躍升至1973年的42%。從1968年的15%到1969至1972年逾30%的驚人增長,前一年的出口實際值為15%,而1969年到1972年間則超過30%(Schive, 1987)。此外,台灣的貿易平衡從1962年GDP的5%逆差到1973年的6%順差,在貿易表現上有驚人的成長。台灣工業商品的出口占有率從50%躍升至85%,工業出口產品從食品加工到紡織、電子、化學品與機械。然而,大多數屬於勞力密集型,即使它們之中的後工業期產品(如電子、機械)仍屬組裝的工作(S. P. S. Ho, 1978; S. W. Y. Kuo and Fei, 1985; Schive, 1987)。

從複雜分析中發現,相對於1950年代初期的進口替代政策,以及1954年到1961年間國內需求的擴張,1960至1970年代期間的出口,在台灣經濟成長中扮演了主要的角色。特別是1960年代初期到1970年代中期的出口擴張在全國總產量的占有率不斷上升:從1961年到1966年的35%,1966年到1971年的46%,以及1971-1976年68%的驚人成長(S. W. Y. Kuo and Fei, 1985: 68)。因此將這一個短暫時期稱為台灣的「出口榮景」是再適當不過了。

台灣工業轉型與成長的主要原因是儲蓄和投資方面的良好紀錄,從1962年到1973年,儲蓄占GDP的比例從12%到35%,增加了近三倍,投資率從18%增至29%,儘管是因為美國外援造成的結果。這個儲蓄率與投資率的良好紀錄,是各種因素造成的。在政府政策方面,制定獎勵儲蓄的稅制,並為國內和國外投資提供很多誘因。更間接地來說,政府利用其對銀行的管控提供有吸引力的利率,而鬆散的社會福利網絡,迫使人們必須為了老年生活而儲蓄。此外,金融市場的興盛使企業和製造業透過儲蓄更容易取得資金,獲利率從1950年代初期的9%直線上升至1960年代末期的34%,為再投資提供了豐厚的資金(S. W. Y. Kuo and Fei, 1985; Myers, 1986)。

表2.3　1962-1972年間每年實際的經濟增長（百分比）

1962	9.4
1963	12.3
1964	11.0
1965	9.0
1966	10.6
1967	9.1
1968	9.0
1969	11.3
1970	12.9
1971	13.3
1972	12.8

資料來源：行政院經濟建設委員會，《台灣統計資料叢書》，（台北：行政院經濟建設委員會，1987，頁1）。

表2.4　1962年與1973年經濟績效指標

	1962	1973
國民生產毛額	178	695
農業（就業%）	50	31
製造業（國內生產毛額%）	17	36
出口（國內生產毛額%）	11	42
貿易平衡（國內生產毛額%）	-5	6
工業出口（國內生產毛額%）	50	85
儲蓄（國內生產毛額%）	12	35
投資（國內生產毛額%）	18	29
外國投資（總投資%）	2	8
政府支出（國內生產毛額%）	21	23
貧富差距	11.6	4.4

資料來源：行政院經濟建設委員會，《台灣統計資料叢書》，（台北：行政院經濟建設委員會，1987）。

　　此外,這些國內投資的數據,讓人注意到此時期的另一個重要面向:外國直接投資(FDI)扮演重要但有限的角色。台灣有兩個不同的政策,(1)為出口加工區的組裝產品吸引外資,(2)鼓勵國內企業出口。當然,外國公司對大部分在迅速成長的出口產業是非常重要的,例如:電子產品。然而,儘管1962年和1973年之間,外國直接投資額在總投資中所占比例從2%到8%,仍占整體業務的拓展的一小部分(Ranis and Schive, 1985)。國家從以往所創造的人力資本中獲益,許多台灣企業家有能力創業,即使是在台灣的外國公司,例如:台灣經理人在外國公司工作後,學會了經營和生產的技術,然後自行創業(Greenhalgh, 1988a; Lam and Clark, 1994; Lam and Lee, 1992)。

　　台灣經濟的快速成長,使生活水準提高並且減少了人口及社會經濟的不平等。實際上,台灣與一般起初先不斷增加財富上的不平等,而經過一段時間後反而會帶來更平等財富分配的發展模式不同(Ahluwalia, 1976; Chan, 1987; Kuznets, 1955),在台灣正好相反,1950年代時由於土地改革,所得的不平等大幅減少,在出口繁榮時期急劇下降,最富有的五分之一與最貧窮的五分之一之間的所得比例從1962年的11.6%下降到1973年的4.4%,即使在已開發國家的標準中,這個水準仍是相當低的。這並非政府實施福利政策的結果,福利政策幾乎是不存在的,例如:政府規模在此期間幾乎沒有改變。然而,快速的工業化使人力市場緊縮,工資上升,1960年至1972年間年實際工資平均增加5.5%(Fei, Ranis, and Kuo, 1979; Greenhalgh, 1988b)。

產業升級

　　由於1973年到1974年間能源價格暴漲,使全球經濟面臨危機,出口繁榮時期的高度成長嘎然而止。政府在面對危機時採取了果斷措施,使國家迅速地恢復經濟活力。而這種復甦導致新經濟轉型,其中包括兩種不同型式的產業升級:一是為回應石油危機,政府對拓展重工業提供補助;另一個型式是對台灣中小企業進入高科技產業的一個非正式的支持。

　　1973年到1974年的阿拉伯石油禁運和能源價格上揚,使許多已發展國家及發展中國家感到震驚，而台灣肯定地是經濟災難的主要候選人。所有的能源產品幾乎是進口的，並且作為一個高度依賴貿易的經濟體，所製造的產品容易受到全球通貨膨脹和國際市場不穩定所影響，且缺點是幾乎立即可以感受得到，出口成長在1974年到1975年一年間迅速結束，且出口值一年內下滑6%以上，導致1973年和1975年之間，GDP的比重從42%下降到35%。經濟成長的總體速度從1973年的12.8%暴跌到1974年的1.1%和1975年的4.3%，台灣的貿易平衡從1973年GDP的6%順差，在1974年下降到占GDP赤字的10%。此外，國內通貨膨脹率躍升六倍，從1973年8%到1974年的48%，而外國投資平均每年20%的增長，在1974年到1975年下降了40%，外商投資占總投資的百分比由8.0%銳減至2.5%（台北：行政院經濟建設委員會，1987）。

國民黨政權對於通貨膨脹極為敏感，因為在中國的通貨膨脹被普遍認為是國共內戰失敗的主因，事實上，在1950年代早期台灣抑制通貨膨脹一直是有效的（S. W. Y. Kuo, 1983; K. T. Li. 1988）。因此，政府迅速回應油價爆漲並採取穩定措施，1973年和1974年之間，大幅調升利率和實行強烈的保守型財政政策，使政府支出從GDP的23%下降到18%，政府企圖透過管理來控制通貨膨脹，成立中國石油天然氣集團公司以及台灣電力公司，透過壟斷價格的方式來控制通貨膨脹。上述這些措施，加上全球能源價格的穩定，通貨膨脹的急劇下降，從1974年的48%到1975年的5%，也證明了通貨膨脹得到了控制，這也讓政府的支出恢復到危機前的水準（S. W. Y. Kuo, 1983）。

政府決定加速發展台灣重工業，早在數年前即開始發展十大建設的交通設施及建設，如：鋼鐵、石化、造船、核能和基礎設施。政府並提出一個反週期政策來刺激經濟，為提升勞動密集型產業實施更多的激勵措施，並減少轉運和供應瓶頸（K. T. Li, 1988; Ranis, 1979）。就結構的意義而言，發展重工業是有些多元的，像鋼鐵由國家經營，如：中國鋼鐵公司，其在1990年代成為全球第三位最有效能的產業，而其他像是石化業則較為複雜，包含許多大型的本土企業，如：台塑、外國跨國公司和國營企業。此一政策很快地獲致成果，例如，與輕工業的7.8%相比，重工業在1977年至1986年間成長了12.2%（Gold, 1986; Haggard, 1990; Noble, 1988; Schive, 1987; Y. L. Wu, 1985）。

　　1970與1980年代期間，台灣的工業升級主要是由新加入的中小企業以由下而上而非由上而下爲基礎的方式所發動的，一般而言，他們與政府之間並無太緊密的聯繫。中小企業在輕工業出口繁榮時期已成爲主要動力，1980年代中期它們在經濟扮演令人驚訝的角色，當時它們仍占有幾乎二分之一的產量以及三分之二的總出口額（K. J. fields, 1995; Hu and Schive, 1998; C. T. Kuo, 1995; Lam and Clark, 1994; Myers, 1984; R. I. Wu and Huang, 2003）。中小企業以極度靈活的創業策略填單、注重品質和設計、大膽的招標投標、參與複雜的分包網絡，而僅遵守部分政府法規。它們亦展現創新與升級的優異能力（如：從1960年代的紡織和製鞋業，到1970年代初期低技術電子組裝業）。1970年代末期，一些中小企業邁向高科技電子業和化工業，特別是一些從美國回來的也涉入這些行業（Greenhalgh, 1988a; C. T. Kuo, 1995; Lam and Clark, 1994; Lam and Lee, 1992; V. W. C. Wang, 1995; R. I. Wu and Huang, 2003）。新興的高科技產業由民營企業主導，但政府是重要的推手，政府成立研究機構進行研發並使新技術商業化，投入巨資成立新竹科學工業園區以聚集研究機構和高科技公司（Amsden and Chu, 2003; Breznitz, 2007; Greene, 2008; Mathews and Cho, 2000; V. W. C. Wang, 1995）。

　　綜合數據顯示，台灣的經濟表現在1974年至1987年時期是相當不錯的。但不同於前兩個時期是有明顯的波動，如表2.5所示，這一期間剛開始的二年表現不佳，但在經濟大幅反撲的1976年至1978年期間，這三年皆以兩位數成長了13.9%、10.1%和13.9%。石油價格在1979年至1980年間再次成長，雖然影響遠不如上次嚴重，速度在1982年時緩慢下降至3.5%。1983年夏天，台灣出口開始復甦，並重新開放美國成爲主要市場。台灣經濟在1984年和1987年間再次快速復甦，有三年皆有二位數的成長紀錄。總體而言，在此期間經濟每年平均成長8%，如表2.6所示，人均GNP躍升幾乎八倍，從695美元到5,397美元（反應全球通貨膨脹）。

表2.5　1974-1987年間每年實際的經濟增長（百分比）

1974	1.1
1975	4.3
1976	13.9
1977	10.1
1978	13.9
1979	8.5
1980	7.4
1981	5.7
1982	3.5
1983	8.3
1984	10.7
1985	5.0
1986	11.5
1987	12.7

資料來源：行政院經濟建設委員會，《台灣統計資料叢書》，1987，（台北：行政院經濟建設委員會，1987，頁1）；行政院經濟建設委員會，《台灣統計資料叢書》，2009，（台北：行政院經濟建設委員會，2009，頁17）。

　　1970年代末期和1980年代以出口為導向的成長是顯而易見的。出口成長比整體經濟成長更為快速，占GDP的比率從1973年的42%增加至1987年的52%，其內容幾乎變成工業產品，從出口總額的85%提高到94%。更引人注目的是，1973年和1987年間，台灣的貿易順差迅速地增長，從GDP的6%提升至18%，台灣經濟結構轉型仍十分快速。1973年到1987年之間農業的從業比例減少了一半，從31%下降至15%，製造業占GDP比率並無太大變化，如1973年的36%和1987年的37%，但在1980年代初期隱藏著44%的高峰，當國家開始全面朝第三期經濟轉型時，隨之而來的是巨幅下跌，這也是已開發國家的標記。這種轉型現象亦可從儲蓄和投資的數據上看出來。當儲蓄率維持在30%至35%的高點時，一些低精密產品的生產開始轉移到海外廉價工資的國家，台灣成了資金出口國，投資額從1973年GDP的29%，下跌了三分之一至1987年的20%。此外，政府對外投資高科技產業提供誘因被證明是有效的（Simon, 1988）。其結果

表2.6 1973年與1987年經濟績效指標

	1973	1987
人均國民生產總值	695	5397
農業（就業%）	31	15
製造業（國內生產毛額%）	36	37
出口（國內生產毛額%）	42	52
貿易平衡（國內生產毛額%）	6	18
工業出口（國內生產毛額%）	85	94
儲蓄（國內生產毛額%）	35	34
投資（國內生產毛額%）	29	20
外國投資（總投資%）	8	7
政府支出（國內生產毛額%）	23	21
貧富差距	4.4	4.5

資料來源：行政院經濟建設委員會，《台灣統計資料叢書》，1987，（台北：行政院經濟建設委員會，1987）；行政院經濟建設委員會，《台灣統計資料叢書》，2009，（台北：行政院經濟建設委員會，2009）。

是，1982年和1987年間對外投資額從總投資的3%躍升到7%，這對整體經濟活動而言仍微不足道。收入不平等率跟隨著曲線路徑，當收入不平等率在1987年小幅上升至4.5之前，於1970年代末期到達4.2的低點，反映出農業的衰退與勞力密集型產業的開始虧損，對非熟練工人或半熟練工人的需求降低（S. M. Huang, 1981; Yager, 1988; Y. P. Chu and Tsaur, 1984; G. S. Fields, 1992）。然而，政府在1973年和1987年間的支出占GDP比重從23%輕微跌至21%，卻沒有改變其保守的社會福利支出。

經濟成熟期

不同於前三個時期以重大政策轉變或經濟危機為開端，第四個時期有些模糊不清。會以1988年為開端，是因兩位數的經濟成長於這一年結束，而以2000年為終點是因次年全球高科技泡沫的破滅，這對台灣以往產業升級的成就，形成嚴峻的挑戰。經濟的成熟帶來了兩個結構性的轉變，首先是國家傳統產業大規模向海外移動，主要移往中國，形成了台灣經濟的「大陸革命」；其次，台灣向高科技產業，如：電腦和半導體，大量靠攏令人印象深刻；此外，此時期出現中產階級，台灣的經濟成長在1990年代面臨了挑戰。

　　1980年代台灣的日漸繁榮使工資上漲，勞力密集型產業開始失去競爭力，此外，在1980年代後期新台幣由於美國的壓力大幅升值，此與台灣的大幅貿易赤字有關。結果導致許多企業在1980年代末和1990年代初期向海外移動，台灣與大陸間的轉變，是資金大幅流出與貿易向大陸聚集。由於台北和北京間的冷戰，在四十年的完全隔離後，台灣開啓了兩岸互動的大門，1984年允許經由第三國進行間接貿易，十年後逐漸加強與大陸的間接貿易及在大陸投資的機會（T. J. Cheng and Chang, 2003; Clark, 2007; Kastner, 2009）。中國才剛剛將工業發展政策從內向型轉爲外向型，特別是重新定位沿海發展策略，旨在吸引因價格太高而從香港和台灣出走的輕工業與勞力密集型產業，以與出口導向的東南亞工業化資本主義國家競爭，因此形成台灣和中國大陸間經濟上的互補（Kastner, 2009; Leng, 1996; S. A. Y. Lin, 2002; Naughton, 1993, 1997; Y. S. Wu, 1995）。

　　在1980年代末期，台灣商人在大陸的投資並不多，但隨後即迅速增加，因爲台商逃避持續的管制，致使官方的數據低估這些投資數量，不過，台灣政府在兩岸資金流動的報告仍令人印象深刻（例如1990年期間有430億元），台灣對外投資的規模同樣變得更大、更複雜，投資者從合資轉爲獨資，並開始籌建、供貨給自己的工廠。貿易成長刺激對外投資額大幅增加，是因爲在大陸的台灣企業從台灣進口機械和更精密的零組件（主要是組裝），這些產品之前出口至第三市場。因此，台灣對大陸出口投資額有巨幅成長，1989年至2000年間，從出口總額5%成長至17%，超過三倍。

　　這些企業的結構也從簡單的加工升級到上游重工業和更資本密集型或高科技產業。特別的是，1990年代中期到末期，在大陸的台灣投資的組合，開始從出口勞力密集型產品的小企業轉換到更大的企業，並尋求進入中國重工業市場（如：台塑）和消費型產品（如：統一企業）。此十年末期，台商對中國經濟起飛有重大貢獻。例如，在二十一世紀初，據估計將近75%的中國資訊技術的出口來自台商工廠（Bolt, 2001; C. Y. Cheng, 1999; Kastner, 2009; C. T. Kuo, 1995; Leng, 1996; S. A. Lin, 2002; Naughton, 1997）。

基礎工業的虧損在工業發展時期幾乎是無法避免的，如同Joseph Schumpeter所提出的創造性破壞概念，意即新產業出現將使舊產業被丟棄。台灣的關鍵問題在於經濟成熟時期是否有能力開發更新及更進步的產業以取代傳統勞動密集型且低工資的產業，而當台灣能夠在短時間內發展具國際競爭力的高科技產業與更先進的服務時，其答案是肯定的（Amsden and Chu, 2003; Berger and Lester, 2005; Mathews and Cho, 2000; Noble, 1998; V. W. C. Wang, 1995; J. Wong, 2010）。國家的人力資本使產業提升至另一階段，也較之前的發展時期創造了更精密和高收入的工作。

台灣高科技革命的核心是電子產業，在數十年間從低技術的加工迅速發展至高科技產業，為每一個接踵而至的階段提供升級基礎。Alice Amsden和瞿宛文（2003）將此稱為電視、計算機及筆記型電腦的時代。例如，台灣半導體技術在1990年代初期進入世界的新領域，1990年代中期迅速進展到世界第四位。最引人注目的是，這是國內工業化的結果，根據Alice Amsden和瞿宛文的研究：「在電子產業發展階段的電視時代之後，直接外來投資的角色令人矚目，當時直接的外來投資是很正常的，但這情形卻在1990年代初期消失（2003: 62）。」

台灣的高科技革命代表本土產業發展的成功。在高科技領域中，政府與台灣商人間的關係大不相同。當國家不得不在半導體中扮演更重要的角色，特別是在提供基礎研發時，民營企業主要以電腦和軟體為主（Amsden and Chu, 2003; Berger and Lester, 2005; Breznitz, 2007; Mathews and Cho, 2000; V. W. C. Wang, 1995）。

1980年代末開始的經濟成熟期，教育體系以及企業與專業工作的增加刺激了中小企業的出現（Hsiao, 1991; W. L. Li, 1984; Tsai, 1987）。如同郭婉容（Shirley Kuo）於表2.7的數據，意謂著國家生活品質的改善（1985: 23）。在這1950年代初與1980年的三十年間，粗估死亡率降低一半，預估壽命從59歲提高到72歲，略低於已開發國家的水準；在飲食方面的質與量明顯增加；每人可使用的生活空間成長二倍；居家電子產品的配備從33%增至99%，成長了三倍、識字率從45%增至90%、教育水準從中等教育提升至接近大學，汽車、機車和電話大幅增加。此外，伴隨著工業化與都市化的來臨，台灣在1990年代歷經了低生育率，人口成長率已降至約1%。

表2.7 生活進步標準指標

	1950年代早期	1983
健康		
粗死亡率（每1,000人口）	9.9	4.9
平均壽命（年）	59	72
人均消耗卡路里	2,078	2,720
人均消耗蛋白質	49	77
住宅		
人均居住空間（平方米）	4.6	17.5
家中電器照明（%）	33.3	99.7
家中自來水接管（%）	14.4	77.6
住房投資（% GNP）	1.9	3.4
教育		
識字率（%）	45.0	90.0
6-11歲兒童在校率（%）	78.6	99.8
12-14歲兒童在校率（%）	48.3	90.1
15-17歲青年在校率（%）	28.3	63.8
18-21歲青年在校率（%）	11.3	25.9
交通運輸與通訊		
汽車（每1,000人口）	1	57
機車（每1,000人口）	0.2	298
室內電話（每1,000人口）	4	259
人均郵件	7	62

資料來源：S. W. Y. Kuo〈The Taiwan Economy on Transition〉，論文發表於1980年代的台灣經濟展望研討會上，於中央大學，1985出版，頁23。

表2.8　1988-2000年全年真實的經濟成長（百分比）

1988	8.0
1989	8.0
1990	8.5
1991	7.6
1992	7.9
1993	6.9
1994	7.4
1995	6.5
1996	6.3
1997	6.6
1998	4.6
1999	5.8
2000	5.8

資料來源：行政院經濟建設委員會，《台灣統計資料叢書》，2009，（台北：行政院經濟建設委員會，2009），頁23。

　　儘管有這些成果，台灣的經濟成熟期伴隨著風險的升高（Greenhalgh, 1988b; S. W. Y. Kuo, Ranis, and Fei, 1981）。1980年代發生的農業銳減及勞動密集型產業的出走，對赤貧和缺乏技術的人民形成的衝擊尤為嚴重，這些人在台灣總是被忽視（Gates, 1979, 1987）。因此，在人口最貧窮的五分之一與最富裕的五分之一間的收入比，於1987年至2000年從4.5大幅躍升至5.5（參表2.9）。照料家人是家庭責任的孔子思想，使社會福利政策長久以來不被支持。1990年代初民主化所推動的競爭，產生一些社會支援計畫（見第三章）。到目前為止，至關重要的是在醫療保健方面，台灣在1995年實施全民健保，成功地對抗了1990年代末期的緊縮，現在被普遍認為是世界上最佳的醫療保健系統之一（J. Wong, 2004），儘管如此，社會福利支持政策在台灣仍是有限的（W. I. Lin and Chou, 2007）。

　　隨著經濟成熟，成長率無可避免地下降（Rostow, 1960），見表2.8所示的案例。1987年後，台灣不曾再出現兩位數的成長，在此經濟成熟時期，隨著時間快速下降，1988年至1990年的8.1%、1991年至1994年的7.4%、1995年至1997年的6.5%以及1998年至2000年的5.4%。總體而言，整個時期平均增長逾6.9%，人均GNP在這十三年中從接近5,397到14,721美元，增長近三倍（見表2.9），接近西歐較貧窮國家的水準。

雖不似較早那些時期般的鮮明，但台灣的經濟結構在此時期發生了重大變化，農業就業人口在2000年持續下跌至8%的邊緣，如表2.9所示，從1987年至2000年的37%到24%，製造業在GDP的比率急速下跌，服務業成為經濟活動的主要形式（Amsden and Chu, 2003），這通常在已開發國家才會發生。蓬勃發展的第三期經濟在全是工業產品的出口上出現小幅下跌，GDP從52%下降至47%，1980年代後期的巨幅出口順差在2000年降至GDP的3%。不過台灣仍然依賴出口，出口在台灣仍扮演推動經濟的關鍵角色（Chow, 2002）。儲蓄率從GDP的34%降至26%，但投資率實際增至23%，顯示資本密集型高科技產業的發展。外國直接投資（FDI）從總投資額的7%增至10%，服務業對於外國跨國公司特別有吸引力（Amsden and Chu, 2003）。最後，王永平（2004）指出，儘管政府承諾增加社會福利，但其支出仍維持略高於GDP的五分之一。

表2.9　1987年及2000年經濟績效指標

	1987	2000
人均國民生產總值（美元）	5,397	14,721
農業（就業%）	15	8
製造業（國內生產毛額%）	37	24
出口（國內生產毛額%）	52	47
貿易平衡（國內生產毛額%）	18	3
工業出口（國內生產毛額%）	94	99
儲蓄（國內生產毛額%）	34	26
投資（國內生產毛額%）	20	23
外國投資（總投資%）	7	10
政府支出（國內生產毛額%）	21	21
貧富差距	4.5	5.5

資料來源：行政院經濟建設委員會，《台灣統計資料叢書》，2009，（台北：行政院經濟建設委員會，2009）。

在之前的討論中，我們就台灣經濟發展提出概略與抽象的觀點，在接下來的兩節中，我們將提出二個工業發展的案例研究，以更多細節來闡述台灣充滿活力的快速發展。此兩種案例亦描繪台灣企業令人印象深刻的創業家精神，以及國家和民營企業間之間的複雜性、互補性。

塑膠：創業的動力

塑膠產業是台灣進口替代成果的一部分，剛開始帶有些許荒誕的氛圍，政府於1953年在美國顧問公司的建議下，嘗試啟動這個產業，但即使有國家的補貼，很少有本地的商人看到其在未來十年後的重要發展。如同T. J. Cheng所說的：「為了保護市場，國家提供資金建造了幾個塑膠工廠並公告將轉售，但並無購買者，國家被迫承諾對各種承接將給予利益上的援助，同時並不會禁止新加入者（1990: 152）。」

王永慶，一個經營米和木材生意的小商人，離這種炫目的潮流還很遠，藉由購買政府以美援建立而另一個企業家決定不要的聚氯乙烯（PVC）廠而進入這個領域。起初經濟部（MOEA）因王永慶缺乏在這一個行業的經驗對他並不感興趣，然而，王永慶找到了一個較有影響力的合作夥伴，遊說及懇求參與他的案子，經濟部隨著時間慢慢變得較為關注廠房的用途。歸根究底，王永慶擁有了聚氯乙烯工廠並開始生產（可能是一個值得驕傲的經營者）。很快地他遇到一個大問題，他無法販賣自己製造的聚氯乙烯，甚至還有一段時間，他的親戚和員工將未被售出的原料拿到家裡存放（K. J. Fields, 1995; C. T. Kuo, 1998）。

如果故事在此畫下句點，其結果將僅是產業沒有獲得融資的一個研究案例，即第三世界政府因輕信國際顧問公司而付出諮詢費和對不具經濟效益工廠的投資代價而已。然後政府藉由說服無能力的商人退出股份，也因此降低了該國本已較低的資本額。此與蔣介石1930年代強迫上海企業購買國債類似，每個人對此國債的毫無價值是心知肚明的（Coble, 1980）。

　　然而故事並未在此結束，王永慶有信心在二十世紀下半葉將會是塑膠的時代。他推論唯一的問題是他的台灣合夥人並未意識到，塑膠將會是價廉和暢銷的產品。因為不幸的是，他們傾向於相信自己的眼睛所看到的，而非實際的市場分析。正是在這種情況下，王永慶的創業能力發揮了作用，而不是自怨自艾及走向破產的命運。他決定透過建立一個小型塑料鑄模廠，向潛在的客戶展示什麼是可以用塑料做的，且可先在國內市場銷售而後及於國際市場的產品（例如：洋娃娃、餐具、雨靴、馴鹿玩具、水管及桌子）。不過為了建工廠，王永慶不得不進入場外市場，並且說服他的親屬和員工提供自己的一些財產作為抵押，這說明了非正規部門資助的重要性，即使這是一個由國家所啟動的計畫。

　　其餘正如同他們所言已是歷史，王永慶在模仿者間創造了聚氯乙烯的需求。但在約二十年後的1970年代末期，王永慶股本出現了一個新的問題。因為政府對小商人欲有所作為，因此政府要求王永慶支付更多稅款，幸運的是王永慶的台塑公司對台灣經濟貢獻約為GDP的5%。因此，當王永慶先生說考慮從國有銀行體系撤出他所有資產，政府便決定了他的稅額是適當的（K. J. Fields, 1995）。

　　在十年之後的1980年代末期，王永慶再次面臨了另外一個投資問題，他希望在一個小村莊蓋一座石油裂解廠，因潛在的化學廢棄物的反對聲浪，使工廠的建設因此延宕。王永慶則轉進海峽兩岸到中國大陸，技術上而言是非法的，在福建省建立170億美元的石化工廠，這使得台灣政府極為不安。行政院長不是逮捕王永慶，而是參觀了反對設立石油裂解廠的村莊，並以政府對設立工廠的風險提供賠償金做為回饋來說服居民撤銷反對意見。王永慶撤回其對中華人民共和國先前的報價（在天安門事件結束、資本主義闖入大陸後，王永慶對中國領導人的不安大於信任，如果傳言是可信的話）。然而王永慶的愛國情操似乎很有限，他於1993年提出結合台灣和中國的70億美元投資案，並以威脅將之取消來獲得雙方政府的讓步——在台灣的基礎建設和環保法規的鬆綁，及能在中國大陸內地銷售的允諾（K. J. Fields, 1995; Liu, 1993; Pun, 1992）。

　　此一案例顯示台灣在發展本質上的複雜性，它以國家和私人的投資結合為開端。並不是因為國家政策或是市場抽象的邏輯，而是由於王永慶的企業家眼光和能力，避免了迫在眉睫的失敗。當時王永慶為自己和台塑成功地創造了一個不斷增加的財務基礎，首先，使其獨立於政府之外，然後透過中等規模的工業國家政權發揮顯著影響力。這個案例很難說明台灣是否是一個發展中國家。很明顯地以塑膠工業以及建造氯乙烯廠為目標的體制，開啟了王永慶達到世界財富前500強的道路，我們很難認同這是來自於國家與工業政策的成功指導（Gold, 1986; Wade, 1990）。對於台塑帝國的發展政府所做的不多，王永慶與政府間權力的轉換非常徹底。

技術轉移與台灣勝家

第二個案例是勝家縫紉機公司在台灣的投資，以及其如何徹底改變這個行業。在1960年代初期，勝家認真考慮將台灣作為海外生產據點，並以開發中國家的市場為輸出目標。當時，在台灣的縫紉機行業，由約250間公司來組裝縫紉機和提供零件，皆為小型及家庭式。零件及產品的質量不高，儘管最大的生產商（中國縫紉機公司，之後改名為利澤）推動標準化，當時並沒有將零件標準化。1950年代中期到1960年代初期，每年縫紉機總產量平均為5萬至6萬台；1962-1963年間，國內生產只有1.7%是出口，進口量是它的五倍，且是出口總值的十五倍（Amsden and Chu, 2003; Schive, 1990）。

勝家提出在台灣設立工廠的許可申請時，遭致國內同行強烈反對，認為已經有產能過剩的問題，勝家憑藉著較為先進的技術、行銷技巧和品牌知名度，將導致許多在地企業歇業。由於在縫紉機產業中小規模的性質，這些公司可能沒有太大的政治影響力，但是政府對非國有化的問題十分敏感，十九世紀至二十世紀初給中國在外資上的羞辱經驗，因此對於勝家的申請，政府實施幾個重要條件來幫助本土企業：一年的營運中必須有80%本土內容的需求，對本地供應商進行技術援助，以使他們能夠滿足勝家的技術標準，並承諾出口相當的數量，在價格合理下提供在地生產的配件組裝給其他廠商。勝家接受了這些條件，並於1963年以最初80萬美元設立了全資的子公司（Schive, 1990）。

　　台灣勝家於1964年開始生產並很快達到政府的需求，在三年內而非一年達到80%本土內容的目標，但其進展速度仍然壯觀，從1964年的0%、1965年的50%、1967年的75%以及1968年的80%。爲了達到這個目標，台灣勝家提供了大量的技術援助及藍圖設備，提供訓練和技術轉移、品質管制、工廠管理和標準化。這些作爲給在地零件產業受到極大的鼓舞，例如在60年代後期，勝家與台灣225家中的140家供貨商做生意，並給予某種形式的技術援助。1970年台灣勝家製作梭子和線軸盒，並以低於進口價格的20%銷售給其他縫紉機製造商。

　　然而勝家對於縫紉機產業的影響不僅止於他本身的產品及生產者與消費者之間的直接關係。相較之下，台灣中小型企業的動力意味著大多數的本土產業受益於自身的升級以便在國際市場上更具競爭力。因爲台灣勝家並沒有和其他的小型供應商建立額外的紐帶，而中國的裝配商能夠從他們較高品質的產品中獲得優勢以及標準化的部分來升級他們的生產，這幾乎立即地使他們在國際市場上更具競爭力。事實上，國內最大的公司——中國縫紉機公司，提供營運資本給部分零件的製造商以協助他們去拓展營運。此外，其他本地的製造商很快地學會如何製造許多原本由台灣勝家生產並且賣給本地裝配商的零件。

　　結果是勝家與中國製造商反而互補多過於相互競爭。在國外市場，台灣勝家的輸出被控制在發展中國家的市場，這些地方的縫紉機被視爲本地製造最頂層的產線，而出口至已開發國家則被視爲廉價產品。相對而言，在台灣，勝家品牌值得高價，因此台灣勝家和其他本地製造商會分別開發不同的生存空間（Amsden and Chu, 2003; Schive, 1990）。

　　勝家在台灣的投資，在國內外公司的製造與出口皆引起驚人的波濤。縫紉機的總產量從1964年的48,000台逐年成長，1964年91,000台、1966年125,000台、1968年360,000台、1970年629,000台、1973年1,200,000台、1978年2,000,000台，至1984年達將近3,000,000台。這個爆炸性的成長受到出口的帶動，如產品銷售至海外的比例從1962到1963年的1.7%成長至1964年的6%、1966年的60%、1968年的80%，1970年後幾乎每年都到達90%，甚至更多。顯而易見地，產業的升級對於國際競爭力的影響幾乎是即刻性發生。

此外，台灣勝家本身在這個過程的開端扮演了主要的角色（1965年，台灣五分之一的縫紉機皆為勝家製造，並且主宰此領域的外銷，根據計算占出口量的50%、出口交貨值占95%），國內的企業很快地在國內與國外市場占據最重要的地位。舉例來說，1968年後，台灣勝家製造和出口量跌至10%，而台灣利澤出口的縫紉機成品數量已超過勝家三倍之多，即使台灣勝家的可觀優勢在於其生產的附加價值透過事實顯示，其在出口交貨值的部分仍是其出口量將近兩倍之多。就是因為擁有這項優勢，勝家在台灣的投資明顯地扮演了催化劑推動著台灣企業的升級，並且使他們更具國際競爭力，而不是私有化這些已存在於此的落後產業。事實上，1980年代早期，一些積極的本土企業曾技術性地先於台灣勝家移動到一些地區。因為台灣勝家的銷售市場策略在於獨占第三世界市場，因而給予一些本土企業促進產業升級的動機（Amsden and Chu, 2003; Schive, 1990）。

總之，此案例顯現出產業升級的另一種複雜類型。最初注入資金的直接投資決議是經過台灣政府批准的外國合作計畫，因國內的需求促使台灣勝家進行可觀的技術轉移。首先，透過銷售其在本地製造的零組件轉移給其供應商以及後頭的本地縫紉機製造商。然而，台灣勝家在台灣所帶來擴散效應能夠發生，導致整個本土產業進行可觀的產業升級，主要是因為大規模的中小型企業掌握人力資本去吸收新科技，並且去追求更高的企業商業策略。政府政策倘若不是直接影響，其仍在創造發展成果的過程中扮演一個重要的角色。政府規章迫使台灣勝家與眾多的本土企業做生意，而政府過去的教育政策亦創造了人力資本，給予這些企業能夠將此轉換成實質上升級的機會。

國家在台灣發展中扮演的角色

二十世紀末東亞國家堅決要求快速的發展，國家在這個區域自始至終扮演一個無法忽視的角色，推動其經濟成長與轉型。導致東亞發展國家理論（Amsden, 1989; Johnson, 1982; Okimoto, 1989; Wade, 1990; Woo, 1991）與政府領導理論相符，即需要幫助開發者克服其在全球經濟上的市場劣勢（Evans, Rueschemeyer, and Skocpol, 1985; Gerschenkron, 1962）。然而這些國家的政府所扮演之經濟角色出現相當的改變（Clark and Chan, 1998）。尤其是台灣政府的經濟參與和典型的發展國家如日本、南韓相比，明顯不如他們直接和侵入（Chan and Clark, 1992）。1990年代，國家作爲領導角色的模版即使在強勁的發展國家仍遭遇到挑戰（Friedman, 1988; C. I. Moon, 1988; C. I. Moon and Prasad, 1994）。因此，在這一節，我們將分析本章節前面所提到的部分，以概念化並評估國家在台灣經濟奇蹟中所扮演的經濟角色。

國家的經濟活動可根據政府之所作所爲來概念化及排名。在光譜的尾端是特定（具體）的政府行爲，如：國營企業生產產品、將國家財政機構的投資基金渠道引導給特定的企業或爲人力資本發展而做出的公共教育政策。光譜的另一端，國家只是爲私人經濟活動創造有利條件（環境誘因），如：利用關稅使得本土企業在國內市場的新興產業上能具競爭力，或實施法律規則讓商業穩定地運作。最後，在光譜的兩端之間，有些情況下政府的行爲與主要的私人利益會形成夥伴關係，如日本（Johnson, 1982; Okimoto, 1989）、南韓（Amsden, 1989; Woo, 1991）大企業與政府之間的關係。

表2.10總結出每個發展階段中國家的角色。因爲在台灣少許的例子中大企業和政府之間是夥伴關係，僅有兩類國家爲發展直接的活動和間接提供環境誘因，這些都涵蓋在我們的分析之中。

在1950年代第一個農業過渡階段，有兩個主要的經濟政策爲國家帶來顯著的進步：土地改革以及進口替代工業化。此外，大眾教育創造了人力資本，而政府透過引入技術官僚進入管理制度的高層以大幅度地提升其經濟領導能力（S. P. S. Ho, 1978, 1987; C. Y. Lin, 1973）。如表2.10所示，這涉及了一些重要的、直接且強力的國家行動：透過集結鄉下的仕紳來抑制發展的反對者，如同Peter Evans的結論，即國家權力一般都要克服菁英對發展變化的抵抗；透過公共學校來提供大眾教育；創造專業的政府技術官僚（1985, 1995）。儘管如此，工業化最主要的貢獻在於透過土地改革、進口替代政策和人力資本的發展，間接地創造對於私人經濟活動有利的環境。舉例而言，即使國家正試圖推行一個積極的政策，但由王永慶和台塑的研究案例顯示出國家經濟活動仍存在著強大的限制。

表2.10　國家在台灣經濟轉型中的角色

	直接活動	創造有利的情況
從產業轉型		
土地改革	壓制反對意見（鄉紳）	小規模的農業更具生產力
進口替代	—	輕工業的國內市場以小型企業為主
技術官僚政府	技術專家	—
大眾教育	公立學校	創造人力資本
出口榮景	壓制對手（軍事和商務）	一般獎勵來幫助小企業具備全球競爭力
	技術官僚領導轉型	教育的持續影響
產業升級		
重工業	由國家領導	—
高科技	從研發開始	讓小型靈活的企業處於良好的經營環境、教育的持續影響
經濟成熟		
高科技	加強研發與商業化	讓小型靈活的企業處於良好的經營環境、教育的持續影響
與中華人民共和國的經濟關係	中國的敵意導致國家與其連結有所限制	—

備註：「—」表示沒有重大的實例。

　　在1960年到1970年代初期的出口榮景階段，國家在確保成功的轉型中承擔起直接和間接的關鍵角色。這一個出口導向成長的時期可能是因為台灣技術官僚設計了激進且有遠見（對當時來說）的經濟政策，來鼓勵為國際市場進行生產。再者，政治領導階層支持技術官僚的政策防止了來自權力菁英階層的反對。然而，國家的主要角色是提供一個有利出口的環境。新政策為出口提供了一個強而有力的誘因，但台灣產業變得更具國際競爭力僅僅是因為本身企業和工人的技術和辛勤工作，舉例來說，在台灣勝家如何促進國內縫紉機生產的快速擴張的案例中即可看見這樣的情況。接著是國家教育政策創造了人力資本，解釋了為什麼台灣人能夠取得這個經濟機會中的優勢。

　　在1970年代中葉至1980年代中葉的產業升級階段，包含了兩個稍具差異的經濟轉型。一是由政府主導朝重工業轉型；二是小規模企業開始升級他們在某一些領域上的生產技術，如：先進電子業。如同表2.10所示，國家在這兩種類型的產業升級中扮演著非常不同的角色。當私人企業主導高科技部門時，國家透過國營企業領導來推動轉型重工業。然而總地來說，這顯示了國家在國家經濟上所扮演的直接角色大幅擴展，如同在台灣經濟第三次轉型的核心為直接政府的活動。國營公司在關鍵產業中扮演的角色越來越重要，而政府研究機構開始發展並商業化新興科技，然後轉移予私人企業。但創造有利的經濟環境對於起飛的高科技產業亦是非常重要的。實際上，儘管中小型企業缺乏與政府的接觸，他們仍能夠在台灣良好地運作，且台灣人力資本政策的成功是朝向高科技發展的先決條件。

經濟成熟的第四個階段從1980年代晚期開始，至本世紀末隨著全球高科技產業的迅速崩解而結束。不像前三個階段，經濟圖像並非如前面幾個階段涇渭分明。或許有些令人驚訝地，台灣在全球高科技產業中成為一個主要的參與者。相對來說，國家喪失了在勞力密集產業的競爭力，導致他們移動至較低發展程度的國家，尤其是中華人民共和國。這些改變對台灣發展情況的成效有混合的影響。最初，國家角色在推動快速新興的高科技產業被提高，當國家資助的研究機構擴大以及新竹科學園區結合這些機構和高科技企業為這個市場帶來他們發展的產品和技術（Greene, 2008）。然而，台灣與中華人民共和國之間的敵意，嚴重限制了台北政府對於跨台灣海峽轉移成熟產業所能做的努力。因此，國家很少參與這一部分的國家結構轉型（Kastner, 2009）。

總地來說，台灣政府的確為過去六十年的經濟奇蹟做出許多重要的貢獻，其中有很大的部分是因為其創造一個有技能且富有經驗的技術官僚，並且早至1950年代時便被委任來推動發展。然而即使有非常清楚明確的願景，這種發展型國家仍是會受到限制。或許政府最大的貢獻是間接創造一個能夠促進私人經濟活動的環境，包含每十年改變這些政策或將台灣推入國際產品週期中。相反地，直接經濟活動在某一些階段裡（開始工業化與後期推動重工業）更為重要。最後，表2.10的最後一個階段顯示政府經濟政策是在1990年代兩個涉及經濟成熟轉型的壓力下產生。和中國不斷成長的經濟整合使台灣的外交處境陷入危機，使得它無法有效地掌控這個過程（Kastner, 2009）。台灣嘗試去對抗世界最先進的產業和科技，如生物科技，會遭遇一些問題，因為基礎研究、發展和商品化需要一段很長以及不確定的醞釀期，如此一來政府很難制定政策來推動產業升級（J. Wong, 2010）。

台灣發展模式

　　台灣經濟奇蹟在二十世紀的下半葉產生了快速成長和四個成功的結構轉型。總結並幫助瞭解台灣發展模型的性質，圖2.1將此期間發生的四個經濟轉型，而每個轉型由兩個主要部分組成概念化。第一個部分包含重大經濟和政治的改變，定義轉型如1950年代的土地改革和1990年代高科技產業的擴張。第二個部分則是包含每一個時期裡被創造的主要資源。

　　圖2.1提供對於這一章所討論四個經濟階段的概述。在每一個階段，顯著經濟變革的發生都會造成重大新社會資源的產生。反過來說，這些資源為這座島嶼政治經濟升級至下一個階段形成基礎。在農業轉型期間，政府創造有專業技能的技術官僚規劃計畫和政策來推動後來的轉型。出口榮景在中小型企業部門創造一個高級企業家階級，或許令人意外地，能夠在隨後兩個時期裡升級為新的產業。而產業升級亦在一些重工業創造了先進能力，以及人力資本的質量躍升，隨後台灣便出現中產階級社會。相對地，在資源創造的圖像是相互混合的（可以說是負面的），在經濟成熟的時期高科技產業增加的能力受到國家經濟政策決策不斷成長的限制所抵消。

　　然而這個循環模式的慣例不應該被理解為台灣自1950年代早期以來一直依循著明確宏偉的計畫。舉例來說，沒有證據及幾乎沒有理由去推想台灣土地改革和進口替代工業化的設計者能夠想像得到國家在加工業會變得如此有國際競爭力。台灣快速的產業升級幾乎肯定超過其最初出口促進策略的提倡者所能想像的。然而，台灣的發展看來會遭遇困難，因在每一個階段資源的創造後，這些資源並沒有被有計劃地運用和保留，所以當隨後的經濟挑戰出現時便難以回應，故在1990年代即因為缺乏明確的資源創造而面臨更多的威脅。

1950年代的農業轉型
　基礎轉變
　　‧土地改革
　　‧輕工業進口替代
　　‧國民義務教育
　　‧甄選技術官僚進入高階決策位置
　資源創建
　　‧農業和輕工業的生產能力
　　‧人力資本（基礎教育）
　　‧政府技術官僚的能力

1960年代到1970初期的出口爆炸
　基礎轉變
　　‧刺激出口自由化
　資源創建
　　‧小企業在輕工業的創業技能
　　‧基本人力資本持續擴張

1970年代到1980晚期的工業升級
　基礎轉變
　　‧重工業以國營企業為首
　　‧開始高科技
　資源創建
　　‧重工業的生產能力
　　‧創業升級到更先進的產品
　　‧人力資本質量的飛躍（中產階級）

1980晚期到2000年的經濟成熟
　基礎轉變
　　‧升級到更複雜的高科技
　　‧與中國的經濟一體化成長
　資源創建／喪失
　　‧在高科技領域的提升
　　‧出現對國家經濟政策決策的一些限制

圖2.1　台灣經濟結構的轉變

中華民國的政治相較於第二章所描述的連續且累積的經濟發展，有著顯著相異的發展模式。相對而言，以政治領域來說，國民黨政權自1940年代晚期來到台灣後便維持嚴苛的專制政權長達數十年。然而到了1970年代末期至1980年代初期，似乎有從強硬威權朝向柔和威權發展的傾向出現（Winckler, 1984）。有鑑於台灣快速的工業化，這樣的轉變至少帶給我們一點驚喜。較高的經濟發展水準通常與民主化息息相關，極大的程度是由於工業化創造了受過教育的中產階級，而他們會要求政治自由化（Jackman, 1975; Lipset, 1959; Neubauer, 1967）。因此，台灣的民主化似乎已經明顯延遲，然而1980年代後期開始的民主轉型，其過程平順且相對快速地在十年內，如同經歷了一系列的非正式協議轉變成為一個完備的民主政體，創造了至少在一些研究者眼中所認同的政治奇蹟，就好似附和著先前的經濟奇蹟。

這一章節的開始，我們將針對專制時代（the authoritarian era）進行簡略的討論，主要是在強調政府實質的鎮壓與促進民主化的因素之比較。在此，我們將中華民國的民主轉型概念化為一系列非正式協議。接著，我們思考政黨制度所帶來的影響以及台灣民主化下主要的政治議題。最後，我們研究台灣政治中議題結構（issue structure）是如何推動國家的民主轉型，並且創造了一些對於未來民主穩定性的潛在考驗。

專制時代

政治發展包含兩個主要面向，而這兩個面向與民主化和「制度化」有關，係為進行有效決策（Pye, 1966）。蔣介石的中華民國在中國大陸（1928-

1949），無論在任何層面，都不被認為是成功的（Botjer, 1979; Eastman, 1974; Sheridan, 1975）。就一般刻板印象，雖然有過度簡化的疑慮，1950到1980年代晚期中華民國在台灣有效地進行了制度化但同時缺乏了民主化（Clark, 1989）。儘管強硬的威權主義在台灣戰後歷史中存在了將近四十年，這個政權仍具有幾個對於之後的民主轉型有所助益的特點。

二戰後台灣被迫接受一個威權政府的統治，這個政府根據1947年中華民國憲法建立，而該憲法明文規定應成立一個民主政府。不幸地，憲法中的自由精神被一些重要因素所削弱。首先，它創造了一個強而有力、能夠掌控政府的總統，而蔣介石便運用他的政治影響力來達到此目的。其次，憲法外的事實是中華民國實施一黨專政，這意味著憲法在施行時，其許多民主元素遭到削弱。再者，憲法中含有一個緊急條款，該條款可以限制甚至改寫憲法規範。這個條款在1948年國共內戰被引用於共產革命（Communist Rebellion）時期，施行動員戡亂臨時條款直到1991年廢止，同時用來正當化1948年到1987年戒嚴令的執行（Ch'ien, 1950; Copper, 1979; Winckler, 1984）。

這個政治制度的兩個核心方向讓真正的民主遙不可及。首先是國家層級選舉組織如何產生，主要是由立法院和國民大會（負責選舉總統以及修改憲法）所組成。起初，立法院和國民大會成員自1947年與1948年於中國大陸與台灣舉行的全國性選舉中被選出，任期為三年一任。然而隨著中國共產黨在國共內戰中獲得勝利，已無法在所有選區舉辦新的選舉。國民黨因此拒絕重組這些機構，其宣稱如此一來將違背其具有代表全中國（包括台灣）合法性的主張。即使於1969年新增代表台灣的席次，1940年代晚期所選出的立法委員及國大代表仍保有多數席次，直到1991年被迫退休，可見新的選舉亦無法顛覆國民黨。國民黨員得益於禁止新的政黨成立，雖然持反對立場者能夠以獨立候選人的身分參選。顯然台灣在此時仍不是民主國家，因為國民黨的統治受到法律的保障（Clough, 1978; Copper, 1979; Gold 1986; Winckler, 1984,1988）。

台灣在威權統治的本質上，產生了民族對立與緊張，直到今日這些歷史餘緒仍迴盪在這個國家的政治之中。隨著1949年國共內戰結束蔣介石政府遷台，這座島嶼受到明顯種族分歧之苦，此分歧來自於隨蔣介石政權遷台的外省人（約占全部人口總數的15%）與長時間居住在台灣的居民或島民，儘管其多數的種族同屬漢民族（Han Chinese）。外省人掌控了政府，實施嚴酷、高壓的統治，謂之「白色恐怖」。儘管在二戰後台灣脫離日本長達五十年的殖民統治，歸還中國，台灣人民視中華民國軍隊為解放者，但國民黨人多傾向視台灣人與日本人同流合污，因此他們合理化其腐敗、殘暴、剝削的政策。緊張的情勢終於在1947年2月28日爆發一波人民反抗運動，軍事長官與台灣領導人之間達成妥協來解決這個統治危機，該年三月中旬國民黨軍隊進入台灣，殺害將近10,000到20,000名台灣人，並對特定知識份子與意見領袖進行屠殺（Lai, Myers, and Wei,1991; Phillips, 2003）。

國民黨迅速建立起龐大的安全機關，用來進行實質性審查，以對付涉嫌支持中國共產黨和台灣民族主義論者，亦包含那些積極推動民主或試圖為外省改革派和本省政治家之間建立聯繫者，例如1960年雷震因涉嫌組織反對黨而遭到逮捕；彭明敏在1946年亦遭受同樣的命運，只因他撰寫鼓吹推翻國民黨的宣傳小冊（Clough, 1987; Mendel, 1970）。更廣泛地說，這個以中國為核心的政權在1960年代中國文化復興運動的實施後，透過如北京話定為官方語言等措施來貶低、排斥台灣本土文化與方言，導致本省人多心有不滿（Appleton, 1976; R. L. Cheng, 1994; W. C. Lee, 2005; Lynch, 2004; Makeham and Hsiau, 2005; Tu, 1998）。

儘管在威權時代中鎮壓是真實存在的，不過台灣的政治體制仍具備幾個重要的特質以利推動政治轉型與民主。首先，憲法明文設置民主制度，即使它允許民主制度被忽略。此外，國民黨其自身的意識形態，即孫中山的人民三大原則（三民主義）主張民族主義、保護民主、人民生活，至少在理論上，致力於循序漸進的政策以及最終達到民主為目標。因此，持續的威權主義是與其政權所宣稱的政治理想日益背道而馳。

其次，政府為地方政府和省議會（僅限於台灣省，而非全中國的國民政府）建立競爭性選舉。雖然這些選舉並沒有真正涉及跨黨派的競爭，但仍有激烈的競爭關係存在於被國民黨吸收的既有地方派系間。這些選舉確實讓國民政府與政黨得以去挑撥地方派系相互鬥爭，以藉此來鞏固中央權力（Bosco, 1994; Lerman, 1978; Rigger, 1999b）。然而有一些反對派的候選人以獨立候選人身分競選，並且贏得重要職位，如台北市長。到了1970年代晚期，已有一股明確的反對勢力共同運作，儘管此時仍禁止成立新的政黨，但已然形成一個鬆散的聯盟稱之為「黨外」（Domes, 1981; Gold, 1986; Rigger, 1999b）。因此，1980年代起已存在一個強而有力的基礎來創造一個選舉式民主。

再者，由外省人掌握的國民黨本身民族關係和身分地位狀態比想像中更為複雜。如第二章所描述，台灣經濟的快速發展係奠基於私人企業以及中小型企業發揮主導的作用。本省人主導了這個領域，以結果來說，他們也是這個經濟奇蹟的主要受益者。他們逐漸開始在經濟倡導上承擔起重要的政治角色，並且作為中央政府與一般民眾之間的聯繫橋樑。此外，本省人掌控了地方政治，因為外省人很難贏得地方選舉，儘管這對地方政府而言無關緊要，本省人成為在這個政權下變得高度政治化的農會系統之受益者（Bosco, 1994; M. T. Chen, 1996; Cole, 1967; Domes, 1981; Gates, 1981; F. Wang, 1994; Winckler, 1988）。

1970年代初期，國民黨在蔣介石之子——蔣經國執政下開始採取一連串的改革措施。他於1972年擔任行政院長、1975年在他父親逝世後擔任國民黨黨主席、並且於1978年成為總統。這些改革措施包含三個主要面向。首先，更年輕、更專業的領袖被提拔進入政府和黨內高層擔任要職；其次，更加著重台灣政治的公共參與；第三個面向則是蔣經國推動自中階層再到高階層政治職位的「台灣化（Taiwanization）」（Clough, 1978; Domes, 1981; Nathan and Ho, 1993; Winckler, 1981, 1988）。這個稍具週期性的改革運動，仍有定期性的鎮壓與緊縮政策，最嚴重的莫過於1979年世界人權日於高雄舉辦的遊行活動，此遊行導致八位黨外領袖遭到逮補、入獄。但這個國家似乎正朝向民主轉型邁進。

台灣民主轉型的政治協議

在當時的大眾印象中，至少相較於穩定和平靜的威權統治而言，台灣的民主化似乎是一個相當喧鬧的過程。在1980年代中期至晚期專制控制出現鬆動，其最顯著的成果展現在街頭示威快速蓬勃的發展。從美國有線電視新聞網（CNN）經常接收到頻繁鬥毆的新聞，顯示立法機關較過去更爲活躍。隨著執行煽動叛亂法的鬆綁，日益突出的國家認同議題相當程度地激起政治辯論的熱度（Clark, 1989; Hood, 1997; Sutter, 1988; Wachman, 1994）。

從另一個角度來看，雖然台灣的民主化在這個時期已經更爲平靜且更具共識。舉例來說，見圖3.1，我們將台灣民主化概念化爲一個過程，而這個過程經歷了三個主要階段：

1. 裁撤多數的威權機關，多數選民能夠直接選舉政府。
2. 公民行使人民主權。
3. 試圖透過規範政治競爭的一般條款來建立一個穩定的民主政體。

當檢視這個發展的關鍵事件時，引人注目的是這些事件並不是因不同政治勢力間衝突所導致的結果，而是因橫跨政治光譜的各黨派之間對於台灣政治的下一步出現了廣泛的共識。因此，由主要政黨和地方派系所達成一連串不言明的承諾和協議促使了政治自由化的進程，理論上來說，這些協議便是第三波民主化浪潮下推動民主轉型最重要的關鍵（Casper and Taylor, 1996; Huntington, 1991; O'Donnell, Schmitter, and Whitehead, 1986）。

裁撤威權體制	
1986年09月	民進黨的組成等同無視戒嚴令；蔣經國的干預避免了刑事起訴
1987年07月	解除維持緊急狀態的戒嚴令
1988年01月	放寬新聞與遊行自由的限制
1988年01月	蔣經國去世；李登輝接任總統
1989年01月	制定有關人民結社的新法律
1990年05月	大規模反對國民大會的示威遊行；李登輝承諾將進一步政治改革
1990年07月	國是會議上達成將全面民主化的共識
1991年04月	國民議會終止暫行動員戡亂時期間的有效規定
行使人民主權	
1991年12月	首次國民議會全面改選
1992年12月	首次立法院全面改選
1994年12月	首次台灣省省長、台北市市長、高雄市市長普選
1996年03月	首次總統直選；李登輝輕鬆連任
2000年03月	民進黨的陳水扁當選三方競選的總統
創建一個穩定民主政體	
1993年08月	持不同意見者脫離國民黨組成新黨
1995年02月	李登輝總統爲228事件道歉
1995年06月	李登輝總統訪問美國康乃爾大學；中國以干擾1995-1996年的選舉作爲回應
1995年11月	國民黨在立法委員選舉贏多數席位，以致於形成多數國會的結果
1996年11月	國家發展會議中對於兩岸關係達成三方共識，而國民黨和民進黨同意進行憲政改革，加強總統職權和將省政府降級

圖3.1　台灣民主轉型大事記

　　自表3.1我們可以看到由台灣主要政治勢力達成的四個協議，這四個協議分別出自於1986年反對黨民進黨（Democratic Progressive Party）的成立、1990年的國是會議（NAC）以及1996年的國家發展會議（NDC）。第一個協議普遍被認爲是中華民國民主轉型的開端；第二個則是代表邁向全面民主化的關鍵

表3.1　台灣民主轉型的協議

事件	協議	政治邏輯	結果
民進黨在1986年非法成立	政府對於新政黨宣稱蔑視戒嚴令的行為不進行任何反應	蔣經國迫使國民黨守舊派接受民主化的邏輯	開始較快的民主轉型進程
國是會議	對達成民主的最後步驟形成共識	李登輝利用公共論壇來克服國民黨內部的反對	在國家認同、社會福利和腐敗等跨領域的分裂，以確保在選舉中能夠獲得成功和保持模糊性，以便各方都支持民主
國家發展會議1	就兩岸關係達成共識	來自中國的威脅以及選民支持維持現狀，反對逐步升級兩岸問題	為處於極端位置的小黨創造了生存空間
國家發展會議2	國民黨與民進黨同意加強總統權責和省政府降級	李登輝和民進黨主席許信良擁有共同利益；並有能力迫使政黨於國家發展會議和國民大會團結一致，顯現朝向兩黨制發展的壓力	對比兩岸共識，會發現在政治上出現交叉分歧（cross-cutting）

一步，國是會議中政治菁英們，包含反對黨民進黨，就一些具有爭議性的議題如資深立委的退休爭議，達成廣泛的共識，讓新總統李登輝與國民黨改革派得以克服國民黨內守舊派的反對；最後兩個協議是在國家發展會議中所達成關於兩岸關係與憲政改革之共識，前者就可能是台灣最有爭議的政治議題出乎意料地達成一個跨越所有黨派的共識，後者則是源自於國民黨與民進黨形成聯盟來對抗次要的新黨。

　　台灣的民主轉型觸發於1986年，當黨外勢力決定挑戰憲法上戒嚴令對於民主實踐的限制，總統蔣經國明顯地以推動執政的國民黨接受民主化來解決此問題，特別展現在組織新政黨的禁令上。蔣經國還指導國民黨開啟與黨外就一些明確的目標進行談判，允許反對黨進行研究和操作以競選為目標的組織，但仍不允許正式的政黨於即將到來的1986年選舉中出現。雖然這些談判宣告失敗，不過國民黨保守派認為這些目標言之過早，而黨外領袖並不想被視為一個乖順的反對黨。反對黨看似向這個政權扔下戰書，當民進黨宣布將在9月28

日舉辦成立大會，並在這場會議中提名候選人名單（slate candidates），一場政治危機即將爆發；隨後當法務部指控民進黨違反戒嚴令限制時，總統蔣經國卻推卻了這項指控，宣布戒嚴即將結束，只要支持憲法且放棄共產主義與台灣獨立，新的政黨便得以成立。民進黨於11月初舉辦代表大會（儘管政府警告這活動是非法的）通過了黨章與黨綱主張自決權與讓聯合國重新接納台灣，其運用足夠模糊的言詞以停止僅是短期的直接挑戰政權。一個正式反對黨的合法化是邁向民主化的重大一步。如表3.1所示，1980年代晚期透過一系列措施來裁撤威權機關，如1987年解除戒嚴令，並在1988年和1989年放寬對出版、言論自由與政治示威遊行的限制（T. J. Cheng, 1989; Y. S. Chou and Nathan, 1987; Y. H. Chu, 1992; Copper, 1988; Domes, 1989; Nathan and Ho, 1993; Sutter, 1988; Tien, 1989）。

國民黨內也正發生變化，蔣經國於1988年1月去世，副總統李登輝繼任總統，並經歷一番政治鬥爭後當上國民黨黨主席。李登輝是一位本省人且擁有康乃爾大學（Cornell University）博士學位的技術官僚。政府與政黨高層快速地分裂為以李登輝為首試圖實現快速政治自由化的主流派系，以及擁有足夠力量去延遲重大變革的反主流派系，並在這十年之間製造一些事端使台灣政治出現僵局。

幾乎可以確定的是，促成台灣民主化最後一步的關鍵事件是執政黨的主導派系與反對黨之間的「菁英和解」，此和解是在國是會議中達成，該會議是李登輝總統為回應1990年夏天爆發的大規模學生示威遊行所舉辦。國是會議集結涵蓋這個國家所有相異政治光譜的代表於一個前所未有的論壇中，此論壇的目的在於創造共識以打破阻礙實踐全面民主化的僵局，特別是資深立法委員的改選議題。令許多（但非多數的）觀察家感到驚訝的是，國是會議相當的成功。會議中的爭辯非常激烈但很認真（不像這座島嶼上許多的立法機關中喧鬧的鬥爭），並且在會議裡就如何推動台灣政治改革落實為官方政策和憲政變革達成共識（Chao and Myers, 1998; T. J. Cheng and Haggard, 1992; Y. H. Chu, 1992; Higley, Huang, and Lin, 1998; Hood, 1997; Moody, 1992; Wachman, 1994; J. J. Wu, 1995）。當適用於動員戡亂時期的臨時條款正式於1991年4月廢止，最後一個主要的威權制度已然崩毀。1990年代前葉見證了擴大行使人民主權（見表3.1），如1991年國民大會、1992年立法院、1994年省長和台北市、高雄市長，最後1996年中華民國總統皆進行首次人民直選。更戲劇性地，民進黨的陳水扁贏得2000年三方競選的總統大選，而國民黨候選人在此次選舉中的競選如同獨立候選人般。民主已然來臨！

台灣成功的民主轉型並非沒有遭遇到挑戰。在國內層面，民主有可能釋放不可控的民族衝突。其多元化並沒有發生，當國民黨內持不同意見的反主流派另組新黨，並且1995年的選舉中國民黨獲得的席位減少而成為國會中微弱的多數黨，台灣政治確實朝向僵局發展。在國際上，與中國自1980年代早期維持較放鬆的關係不復存在，起因於1995年6月李登輝訪問其母校康乃爾大學後，中國非常惱怒並在1995年至1996年間進行一連串軍事演習和飛彈測試以作為回應。這是一個非常明顯針對1996年總統大選的恐嚇，恐嚇台灣選民不要投給李登輝。此次的總統大選有三位主要候選人。國民黨提名李登輝、民進黨選擇支持台灣獨立的前政治犯彭明敏作為其候選人，以及希望加強與中國關係的反主流派林洋港以獨立候選人的身分參選。或許是因為中國的恐嚇，李登輝輕鬆獲得54%的選票，而彭明敏的得票率為21%，林洋港則獲得15%的選票支持（T. J. Cheng, 1997; Tien, 1996b）。

隨著李登輝的連任，他呼籲在該年12月再次舉辦國是會議，很顯然地他希望透過國是會議來克服當前的政治困境，而這個政治困境中的危機看來是源自於中華人民共和國所給予的威脅。國家發展會議達成了一個驚人的成果，其驚人的原因在於就兩岸關係議題上達成三黨共識，而這個議題上存在著許多歧異並且是台灣最主要顯著的爭論議題。顯然是發生了什麼促使這個共識的達成，當中國試圖以武力恐嚇將收回台灣，這顯示出「政治不出國境」（"politics ends at the water's edge"）的意涵，提供了推動達成共識的壓力。對於新黨以及國民黨殘餘的守舊派來說，普遍反抗中國的軍國主義並激起排斥統一的主張，除非該主張是作為一個長期的目標。對民進黨而言，其候選人支持獨立的立場在民調中會遭受攻擊，這意味著民進黨的台獨黨章會對政治人物或是政黨的生存造成危險。所以，同意兩岸關係的定位大致上反映了對李總統務實外交的支持，其務實外交的主要內涵爲台灣是一個主權國家，在口頭上承諾遵循一中原則，並且在不確定的未來之下將統一作爲一個目標，積極尋求提升台灣的國際地位（Cabestan, 1998; C. M. Chao, 2002）。即使當新黨在國家發展會議上以退席表示抗議多數所做出的關於憲法改革之決定，但他們仍表明他們將支持兩岸關係的共識（以及對於社會經濟發展的共識）。

憲法改革的行動表現在另一個協議上，但其中一個協議的價值有待商榷。在國家發展會議開始前，李總統和國民黨單方對憲法改革做出兩個主要的計畫：立法院加強總統的權力以及將省政府降級，以規避合作所需的謹慎過程，而此共識在會議中已建構完成。李登輝明顯得益於加強總統的職權和可能希望防止省長成爲總統的對手（連帶削弱在國民黨裡宋楚瑜作爲副總統連戰對手的實力）。這個建議的變更也剛好符合民進黨的計畫，因爲民進黨認爲廢除省政府與其放棄和中國的連結之概念一致，而且民進黨覺得他們有機會贏得2000年總統大選。反過來說，新黨譴責將省政府降級如同推動台灣獨立，不過他們在台灣採取議會制度下能夠扮演關鍵平衡角色的小立法代表團，獲得既得利益（T. J. Cheng, 1997; Higley, Huang, and Lin, 1998; Robinson, 1997）。

中華民國的民主化因一系列關於政治體制如何安排的共識與協定而得以喘息。首先，在1986年達成一個從未有過的、沒有正式簽署、心照不宣的共識。政府與反對黨清楚地理解台灣民主轉型的第一個舞台上政治遊戲將如何玩。相對地，隨後的三個協議包含明確的合意。雖然國是會議對於達成明確合意的重要性較少，但提供了動力去創造關於台灣民主應該如何建構的最終決定。最後，國家發展會議中達成的兩個協議被設計用來終結在國家認同與兩岸關係上過激的政黨與派系衝突，以及重新組織政治制度，使其更有效率（雖然第二個目的如何達成仍值得質疑）。

因此在這幾個情況下，一個重新改革的領袖運用超出憲法的論壇來克服少數的阻力來改變現狀，達成協議或菁英和解使一個表面上的僵局得以被打破。在前兩個情況中，蔣經國與李登輝分別擴大了決策的參與，從僅由國民黨內部到涵蓋社會各勢力，特別是政治反對勢力，以推翻過去的平衡來對抗國民黨保守派欲用此來阻止政治變革的否決權。就國家發展會議這部分來說，提供了一個論壇讓主要的政黨在國家認同與和中華人民共和國的關係之衝突上不要繼續加劇，然而這些顯然事與願違同時也無法透過立法程序來解決。相反地，一個很好的例子是達成了一個關於總統職權與省長職權在沒有國家政治更進一步發展的前提下沒必要分裂的協議，這似乎展現了嘗試以一個高度黨派掌控的方式來推翻體制，此舉著實反映了國民黨與民進黨主要派系的利益。

台灣允許公眾參與政治的民主體制，並未破壞政治進程發揮作用的能力，或是帶來賽謬爾・杭廷頓（Samuel Huntington, 1968）所擔心會發生在開發中國家的政治不穩定或政府癱瘓等情形。這個「好的」結果是來自於台灣主要政治勢力似乎更致力於民主而非極大化他們自身的權力，所以在關鍵時刻他們願意並且能夠達成這些必要的協定。更廣泛地說，各黨派與派系展現他們能夠積極和彼此一起工作，在一些領域中合作，而在一些複雜的情況下亦能決然地分別，看似沒有永遠的敵人亦沒有永遠的盟友。例如1996到1997年期間，國民黨與民進黨在國家發展會議與國民大會中結盟，掐著新黨與其內部派系組織的咽喉，以推動憲法改革；民進黨與新黨以及一些國民黨持不同意見的立法委員聯合來防止李登輝總統讓連戰留任行政院長；一個成員來自三個政黨的親商聯盟（行政院長蕭萬長為共同創始人）聯合在陷入僵局的立法院中推動一個關鍵的經濟議案（T. J. Cheng, 1997; Robinson, 1997）。這是有效民主政治的特點，至此代表著朝向台灣民主化邁進重要的一步。

台灣政黨制度的演變

政黨通常被認為在民主政治中扮演重要的角色，因其能夠連結政府與公民並組成政治組織，並足夠有力且具才能來有效地治理。表3.2彙整了這兩個功能下的主要活動。政黨透過政治代表權和民主課責以作為政府與社會連結的中心。依據民主理論，競爭的政黨會匯集不同的議題於政策方案為其選民組織、簡化政治選擇。隨著時間的推移，公民會觀察獲勝政黨的政策方案的成果，並在下一次選舉中獎勵或是懲罰該政黨。因此，政黨制度的本質對於民主的一些基本功能是十分關鍵的：(1)當各政治勢力發生競爭時，確保該競爭是自由且

表3.2　政黨的角色

功能	定義	政體重點
將社會連結至政治菁英		已開發民主國家
代表權	設法達成社會各群體對於政策有關的意見（選區）	
組織政治選擇	結合不同選區的議題立場來發展其政策方案	
透過選舉來維持政黨的課責	讓公眾評價政黨的表現	
有效的執行		發展中國家
治理	有效地制定和執行公共政策	
政治穩定	維持法律和秩序、保護財產權、減少政治變化可能改變經濟和社會秩序的憂慮	

公平的；(2)為重大議題組織辯論，以提供適當的利益代表權；(3)政治事件持續創造一個相對穩定且有意義的格局；可視為前三項的成果，(4)確保政府是具代表性且能夠回應廣泛社會。政黨第二個重要的功能是治理——即為一個社會製造與實施公共政策，並維護政治穩定（Mair, 1997; Powell, 1982; Sartori, 1976）。

特別在新興又脆弱的民主政體如台灣，因為這些政黨特質和政黨制度似乎特別適合其目標是為削弱他人者，因此可能會造成許多問題的出現。特別是這裡顯示出在一些核心目標上幾乎不可避免的權衡取捨，如課責能力、代表性與穩定性。薩托利（Giovanni Sartori,1976）概念化此三個必要條件，歸類出民主政黨制度中最常見的四個類型，這些可以在表3.3中看出來。薩托利基於兩個標準來歸納政黨制度：(1)有多少政黨存在（一黨獨大、兩黨競爭制或多黨制）；(2)在政黨溫和或高度意識形態極化中的差異。

假設少數一黨獨大或兩黨制政黨制度將會有意識形態的極化，因此，會產生在表3.3所示的四種類型系統（順帶一提，薩托利使用的術語稍有不同），從這個表格可以輕易地看到，一些好的東西（如課責能力、代表性和穩定性）似乎不會同時出現。代表性對於多黨制度來說可能是最好的，但良好的代表性需要課責性以及穩定性（特別是當這些制度極化時）作為成本來達成。相反

表3.3　政黨制度對政黨功能上可能造成的影響

政黨制度的類型	穩定性	代表性	責任制
一黨獨大	高度穩定	少數選民可以從系統中被凍結	低
具競爭性的兩黨制	穩定	趨向於包羅萬象的政黨，而不是代表特定的選民	高
適度的多黨制	穩定	較具代表性的個別選民	較低（聯盟）
極端的多黨制	不穩定	較具代表性的個別選民	低（衝突的恐懼）

地，一黨獨大制度最穩定，但代表性與課責性將不可避免地遭受損害。最後，兩黨競爭制可能得以在課責性與穩定性之間達到平衡，但給予兩黨的誘因囊括所有訴求，少數人的利益可能會在改組（shuffle）中喪失。

　　總而言之，在發展中國家（如台灣）的政黨制度之性質在確定民主轉型的成敗與否中可以扮演至關重要的角色。在台灣這個案例中，在民主轉型初期的國家政治並不是特別順利地創造一個強而有力且有效的政黨制度。制度上，具有一些基礎能對於一黨獨大制度進行改革，如日本、印度。一黨統治的專制時代和選舉制度，在此選舉制度中投票者在多席位選區擁有單一且無法轉讓的選票，這有利於一個大派系的執政黨。然而，這個類型的政黨制度既沒有必要規範性地合意，亦沒有既定這個國家的政治動態。在可取性方面存在一些問題，如一個制度為代表性和課責性而製造（見表3.3），恰好是造成台灣人民鼓動民主的理由。在實踐的部分，在台灣民族分歧似乎非常激烈（Gold, 1986; Wachman, 1994），然而選舉制度確保了任何大小的少數的代表性，這意味著政治動態或許會破壞社會。

　　民主化的程度與政黨制度的本質在戰後的台灣無疑顯著多變，國民黨於1949年遷台後的一開始便是一個高度獨裁的政黨國家，而後於1990年中葉轉型為一個具競爭性的民主政體。表3.4提供對於台灣政黨制度演變的概述，並粗略地將其劃分為四個階段。中華民國在台灣的前二十年基本上就是國民黨的獨裁統治。在第二階段，假設蔣經國於1972年擔任行政院長導致轉變為軟性權威的一黨專政。1986年反對黨民進黨的成立等同於挑戰了戒嚴令，標誌了中華民國民主轉型的開端，此為第三階段。並且在第四階段，1995、1996、1997年

表3.4　台灣政黨制度的歷史

政黨制度	過渡事件	時期	各黨的配置
國民黨的獨裁統治	國民黨撤離到台灣	1950-1960年	國民黨的霸權
專制、一黨獨大	蔣經國成為行政院長	1972-1985年	國民黨占優勢、來自黨外的競爭
民主轉型	民進黨在挑戰戒嚴令下成立	1986-1996年	國民黨和民進黨之間的競爭日益激烈；國民黨的得票滑落至55%
民主鞏固	在沒有危機下，國民黨逐漸無法有效掌控立法機構及國內各縣市；民進黨贏得2000年的總統大選	1997-2000年	隨著新黨的出現，三方競爭意味著國民黨不能保證全面控制

的選舉出現不同的結果，這展現出在這座島嶼上發生了一個民主鞏固的過程（Chao and Myers, 1998; Clark, 1989; Rigger, 1999b; Winckler, 1984）。

　　這四個階段中每一個階段的分別是基於不同政黨的配置（configuration），以及明顯是基於不同程度的政黨競爭。在前兩個時期，國民黨是主導或執政政黨，雖然黨外在此軟性威權時期已然成為顯著的準政黨。成功組建民進黨開始了民主轉型。在民主轉型中一旦新政黨合法化，眾多的政黨便紛紛於1980年代晚近和1990年代初期組建，但僅有國民黨和民進黨獲得顯著的支持，這意味著中華民國正在發展兩黨制。在1993年當新黨自國民黨分裂，終於出現了一個顯著的第三方政黨。該政黨是由反主流派中較年輕的外省人所組成，他們倡導國內政治改革和更多的親中政策，這個看似有些奇怪的政策組合。最後，隨著2000年總統大選的挑戰，民主的鞏固看似往回朝向兩黨制發展。

　　在表3.5中顯示的選舉結果之數據，舉例來說，證實了1986年清楚地標示國民黨在台灣選舉政治中的主導地位開始衰退。自1980年代中期向前追溯，國民黨在多數的選舉中得到三分之二或是更多的選票，而反對派的黨外僅獲的平均明顯低於五分之一的選票。　1986年在民進黨宣稱自己的反對黨立場後三個月舉辦的立法院和國民大會選舉中，國民黨獲得一如既往的得票率，但民進黨增加了四分之一的選民支持。三年後，國民黨的席次被削減至二比一（自58%降到30%），這是台灣歷史上的首例。當1993年新黨自國民黨分裂而出，對於

表3.5　主要政黨的選舉支持度（百分比）

選舉	國民黨	民進黨／黨外	新黨
1980立法院	72	13	-
1980國民大會	66	-	-
1981立法院	57	23	-
1983國民大會	69	19	-
1985省議員與縣市長	61	13	-
1986立法院	67	25	-
1986國民大會	64	24	-
1989立法院	59	29	-
1989省議員與縣市長	56	30	-
1991國民大會	71	24	-
1992立法院	53	31	-
1993省議員與縣市長	47	41	3
1994省長	56	39	4
1995立法院	46	33	13
1996總統	54	21	15[a]
1996國民大會	50	30	14
1997省議員與縣市長	42	43	2
1998立法院	46	30	7
2000總統	23[b]	39	1

資料來源：C. Clark, "Democratization and the Evolving Nature of Parties, Issues, and Constituencies in ROC," in Peter C.Y. Chow, ed., Taiwan's Modernization in Global Perspective (Westport, CT: Praeger, 2002), p. 142.

備註：" - "表示新黨尚未成立以及民進黨／黨外遺失的數據。

　　a. 表示投票支持林洋港，與新黨的獨立有密切關係。

　　b. 從國民黨叛變的宋楚瑜，以獨立候選人身分參選，並得到37%的選票。

執政黨的優勢更是進一步地蠶食，到了1990年中葉，每一個政黨的得票率已相當穩定。1997年的地方政府行政官（行政首長）和市長選舉之前，國民黨持續贏得每一個主要的全國性大選，但其多數或主要的支持率下滑至47%到53%左右。相較之下，民進黨迅速地成為主要反對黨，大約可以獲得30%至40%的選票，並且贏得一些指標性的地方行政人員選舉（如台北市市長和台北縣縣長）。此外，新黨在1990年代中期在全國性選舉獲得近15%的選票，而這些支持者多集中在台北地區。雖然黨內鬥爭和在台北以外的地方選舉表現不佳，但提升了一些對於選舉有效性的危險警訊（Chao and Myers, 1998; Copper, 1997, 2009; Rigger, 1999b; Tien, 1996b）。

1995年的立法院選舉與1996年國民大會選舉所產生的國民黨雖占多數席次，但卻不足夠讓黨能夠有效地控制這些機構。在立法院中，國民黨最終成為脆弱多數（tenuous majority）：在總數164席次中，國民黨占85席、民進黨擁有54席、新黨有21席。事實上，當立法委員蕭萬長於1997年8月被任命為行政院長時，國民黨的席次數下降到少於絕對數（absolute number）的一半（81席）。國民黨在1996年的國民大會選舉贏得絕對多數55%的席次。然而，自從國民大會要通過修憲案必須獲得絕對多數支持，這表示國民黨要做任何事情都必須要得到反對黨成員明確的支持。有鑑於這種政治不明確的狀況並沒有對台灣民主造成任何挑戰，1995到1996年的選舉可以視為一個很好的例子來看台灣民主的鞏固。這個案例可以強化對於1997年國家和地方的行政首長的選舉的驗收，當民進黨勉強超過國民黨的得票率（43%比42%），但國民黨贏得的職位是另一方的兩倍。即國民黨贏得12個首長職位相對於反對黨則獲得6個，其中還有3個勝選的是獨立候選人。

在世紀之交的時刻，台灣政黨制度的性質還是有一些含混不清或不明確。表3.5中的數據指出台灣在1990年中期隨著新黨的出現，達到兩黨和一黨半（one-half party）的政黨制度。國民黨與民進黨各個方面的競爭日益增加，當前者通常贏得45%至55%的得票率，而後者平均獲得35%至45%的選票。相較之下，新黨顯然不若兩個主要政黨受歡迎，但它似乎仍能吸引穩定約15%的選民。鑑於國民黨（或潛在的民進黨）無論在立法院或國民大會中都無力獲得比脆弱多數更多的席次，這讓新黨在台灣議會政治中起了顯著的槓桿作用。然而，在1990年代後期的幾個選舉，新黨的得票率驟減並遠低於10%。於是中華民國似乎朝向競爭兩黨政治發展。

2000年戲劇化的總統大選標誌著中華民國民主發展的一個分水嶺。首先，它凸顯了台灣政治與政黨制度的競爭性質。當李登輝的對手宋楚瑜被國民黨拒絕提名，他以獨立候選人的身分參選。在三個月的競選期間，三位主要候選人（民進黨的陳水扁、國民黨的連戰以及獨立參選的宋楚瑜）每一次民調結果都並駕齊驅，幾乎都獲得20%到25%的支持度。其次，陳水扁以39.3%的得票率勝選（相對於宋楚瑜的36.8%，國民黨代表連戰僅有23.1%），結束國民黨長達五十年的統治，從而表明台灣的民主鞏固已毫無疑義。再者，選舉所產生立即的結果讓台灣並非朝向而是遠離兩黨競爭模式。宋楚瑜建立了自己的政黨——親民黨（the People First Party, PFP），而李登輝在對連戰迫使其卸任黨主席的失望之餘，他離開了國民黨，成為台灣團結聯盟（the Taiwan Solidarity Union, TSU）的教父（但不是正式的領導人）。自從親民黨與台聯黨出現顯著的選民支持，多黨制似乎正在成形（Clark, 2000a; Copper, 2000）。

表3.6中提到台灣政黨制度的本質具備複雜、不明確的意涵、效果如同國家在1990年代晚期鞏固其民主般。此表格以三個理想特性（穩定性、代表性、課責性）來評估政黨制度。2000年的選舉無疑證明政黨制度提供了課責性，因為選民很樂意將執政黨換下台。相反地，政黨制度本身的穩定性確實出現問題，因政黨有效成員在選舉與選舉之間並不穩定。制度的代表性或更準確地說是它的局限性，對於台灣政治有著錯綜複雜的意涵。一方面，由於國民黨與民進黨似乎朝向囊括性政黨發展，這將會有一定的危險，即一些重要的選區會被忽略。另一方面，這個情況將會減輕如國家認同此類議題的危險和破壞性極化。

表3.6　1990年代後期台灣政黨制度

政黨體制的形式	自暫時的多黨制朝向具競爭性的兩黨制發展。
穩定性	並非十分穩定，因為國民黨在2000年總統大選的分裂呈現出一個非常不同的政黨制度之潛力。
代表性	有朝向發展成兩個囊括性政黨的動作，表示一些選區可能會在其意見代表上出現問題。
責任制	在2000年民進黨贏得總統大選明確地闡述了選民可以透過更換政府來對現任課責。

台灣政治的議題

　　一個民主政體最主要的功能之一是對於社會主要議題的決策過程中增加民眾的影響力。因此表3.7呈現台灣民主轉型以及1980年代晚期到1990年代早期民主鞏固期間台灣政治中的核心議題之概述。第一個議題是民主化本身，從1970年代早期到1980年代末期，民主化主導了中華民國的政治議程。其次，國家認同問題或是族群正義一直以來被認為或許是政治的首要問題，即使當這個議題的直接表達被戒嚴令所抑止時，亦是如此（Wachman, 1994）。再者，貪腐或是被稱之為「黑金政治」，在1990年代成為最重要且潛在分歧的議題。最後，雖然社會福利政策在台灣的爭議較多數已開發國家少，但1990年代在此議題上仍出現明顯的黨派差異。

　　1970年代早期至1990年代早期間的這幾十年，民主化的議題本身幾乎肯定地形成了台灣政治的核心分歧。當1970年代威權控制開始鬆動，因此開始加速推動民主化。在1970年代末期和1980年代早期，黨外甚至一些國民黨重要的分部成為民主化熱情的擁護者，並日益重要的選舉合法化了國民黨的統治，導致

表3.7　台灣民主轉型時期的主要議題

	1980年代末期	1990年代初期	1990年代末期
民主政治	國民黨元老試圖阻止由國民黨和民進黨改革者所推動的改革	大致上實現了	沒有實際意義
國家認同和族群正義	不斷成長的民進黨挑戰國民黨的一個中國政策	親獨立的民進黨與親統一的國民黨之間出現極化演變為總統李登輝和國民黨主流派採取中間立場	跨黨派對新台灣認同和兩岸關係維持現狀上達成共識
黑金政治	在政治議程上相當邊緣化的議題	國民黨被視為最大污點；地方派系的權力不斷成長因為國民黨需要他們所控制的選票	各政黨間的差異縮小；當民進黨與新黨相較過去不清廉，李登輝總統開始打擊貪腐
社會福利政策	透過社會運動推動特定議題	民進黨引領推動福利國家的發展	國民黨收編了民進黨受歡迎的政策，模糊了政黨間的差異

執政黨中持續增加數量的民選政治家發展個人的佈樁（personal stake）在未來的民主化。經過1980年代晚期民主化的這段時間，此後，民主化受到這個國家政治光譜中所有元素明顯的支持，除了國民黨內在政黨、國家層級和軍隊裡非常強大但較不受公眾支持的守舊派外。民主化的最後一步（如1991年資深立委的強制退休），獲得幾乎橫跨所有政治光譜的強力支持。於是，民進黨與許多國民黨能夠正當地居功於這個令人印象深刻的政治成就（Chao and Myers, 1998; Y. H. Chu, 1992; Higley, Huang, and Lin, 1998; Hood, 1997; J. J. Wu, 1995）。然而，快速的民主轉型為改革者製造了一個極具諷刺意義的問題。他們的成功達到國家一時最高政策目標使得這個議題變得毫無意義。

至少對大部分的民進黨支持者而言，直到1990年代早期民主化是與族群正義和國家認同議題相互交織。大多數的中華民國公民無力選擇自己的統治者，這些統治者允許政府由外省人把持，而看在本省人眼中，這些外省人來到台灣人的土地，卻將台灣人（同樣是中國漢族）視為次等公民般對待。因此，台灣的民主化普遍被期待於釋放台灣民族主義在兩個相互關連卻又截然不同的議題：(1)拒絕由外省人統治的政治體制；(2)越來越敵視及全然地拒絕中國對台灣主權的主張，諷刺地是這個主張至少有國民黨大陸光復政策的默許支持（Gold, 1986; Makeham and Hsiau, 2005; Rigger, 1999b, 2001; Tu, 1998; Wachman, 1994）。

作為1990年代的開端，對於因國家民主轉型而擁有更多權利的台灣公民們會如何回應這個議題，民進黨與國民黨兩者似乎下了相反的賭注。民進黨賭威權統治的結束將使本省人的不滿得到抒發，民進黨將以台灣民族主義優勝者的樣貌來爭取選民。舉例來說，民進黨在1991年將支持台灣獨立的主張放入黨章。相反地，國民黨則賭一般人民會滿意於台灣經濟奇蹟所帶來的繁榮，進而使他們在國內以及與中國的兩岸關係上支持維持政治現狀。因此國民黨持續堅持他們的一個中國原則，即中華民國是代表全中國的合法政府。

然而稍加思考，會覺得這兩個賭注皆下得不甚恰當。一方面，國民黨在1980年代晚期至1990年代早期的投票表現上強勁地反映了民進黨的假設，即他們可以藉由台灣民族主義的浪潮獲得權力，是十分令人懷疑的。另一方面，國民黨忽視民眾日益增長的不滿，而這些不滿是源自於國民黨像對待次等階級一般地對待台灣文化及多數人說的語言。它亦沒有意識到民主化將使得不切實際的官方傳說站不住腳，仍然做著這些將會傷害大眾看待黨的目光的行為。因此在這個兩者都沒有更理想的替代方案之狀況下，這個不確定性開放給政策創造者去超越現有的政策辯論。

李登輝總統以啟發政治家對於國家認同問題來回應這個機會。如同李登輝想要鞏固他的權力，他並不巧妙地將國民黨在兩岸關係的立場推向新的方向。事實上他設法機敏地跨越國家認同議題，含蓄地塑造他自己為一個溫和介於獨派的民進黨與統派、反主流的國民黨以及1993年後的新黨之間的角色。在保持不確定的未來和中國統一之承諾的同時，他積極地開始推行務實外交以試圖提升台灣的國際地位。舉例來說，1993年他收編了一個民進黨提出的熱門議題，即發起重新加入聯合國，這是當時國民黨強烈反對的（Cabestan, 1998; C. M. Chao, 2002; Lasater, 2000; Sutter and Johnson, 1994）。此外，李登輝主流派系的勝利明確地推動政黨的台灣化（本土化），而因國民黨已本土化，形象已非全然外省黨，因此無法名正言順將過去的作為完全怪罪於現在的國民黨。與舊國民黨被摒棄的觀點一致，他在1995年正式為228事件道歉（Chao and Myers, 1998; Hood, 1997）。

在這個部分而言，民進黨在1990年早期將台獨立場納入其黨章使得他們在為1991年的民調付出代價後，開始緩和其台灣獨立的立場。後來，民進黨淡化但不放棄台獨主張，並且不斷侵蝕國民黨的多數。特別的是在1996年總統大選期間，在中國軍隊的威脅下，主張台獨的民進黨候選人明顯相信其多數的社論（leader）稱台灣獨立是不可行的。所以民進黨開始淡化獨立主張但不曾正式放棄。舉例而言，一些（並非全部）民進黨領袖開始辯說台灣已經是一個獨立的國家，所以並不需要正式宣告獨立。確實一些團體因民進黨對於國家認同議題的溫和立場而自其叛逃，組成在選舉上無關緊要的台灣獨立黨（Taiwan Independence Party）（Fell, 2005; Rigger, 2001; T. Y. Wang, 2000）。

起初，許多人擔心民主化將會刺激國家認同發生破壞性的極化。事實上，1990年代期間民主的動態對緩和民族的緊張起了反效果。事實證明，過度與統一或獨立連結會在選舉上失敗，因為多數公民擔心這兩者都會對台灣的社會、經濟、政治的穩定和成果造成威脅。舉例來說，如表3.8所示，在1990年代的後半時期，更多的台灣人偏好在外交現狀保持含糊甚至有點不可思議的狀態（1995年為51%和1999年為43%）更勝於支持獨立或統一。而且僅有8%甚至更少的市民採取極端立場，儘管擁護獨立的支持度在這五年期間自15%成長到28%。因此，台灣的政黨，尤其是兩個主要政黨，在顯著的壓力下於國家認同議題上採取溫和立場（Hsieh, 2002a, 2002b; C. L. Lin, 2001; T. Y. Wamg, 2000）。

因此，大眾似乎在兩個不完全一致的政策處方達成共識：(1)自中華人民共和國外保有完整自主權，包含提升台灣在國際事務上的地位；(2)避免與中國發生衝突，包含不直接挑戰中華人民共和國對台灣主權的主張。在這個共識下，此後國民黨、民進黨和新黨在國家認同議題與兩岸關係上朝向主張溫和政策，如同1990年代以來的進展，而兩黨中的選舉派系稍能壓制對更多意識形態派系的需求（Fell, 2005），在圖3.2中將解釋這個伴隨著時間變遷的趨勢。這個圖表右邊部分所呈現的是一系列近年來被認為相當顯著的事件。首先，在國家認同的部分，李登輝的「新台灣人」認同是兼容本省人和外省人的概念，被證明是受到歡迎的（M. J. Brown, 2004）。再者，如上述所討論，1996年的國家發展會議形成了一個共識在過去高度爭議的兩岸關係議題上涵蓋民進黨、國民黨以及新黨。最後，逐漸緩和的國家認同與兩岸關係被帶入到競爭激烈的2000年總統大選。雖然三位主要候選人無疑相互攻訐（特別是互相諷刺），他們都確實主張溫和立場，即在確保台灣主權的同時與北京淡化敵意（Clark, 2000a）。

表3.8 1990年代對於兩岸關係走向最終目標的態度（百分比）

	1995年1月	1999年1月
極端的獨立	6.6	12.9
溫和的獨立	8.6	14.8
現狀	51.1	43.5
溫和的統一	20.7	17.4
極端的統一	12.9	11.4

資料來源：J. F. S. Hsieh, "Whither the Kuomintang?" in B. J. Dickson and C. M. Chao, eds., Assessing Lee Teng-hui's Legacy in Taiwan's politics: Democratic Consolidation and External Relations. (Armonk, NY: M. E. Sharpe, 2002), p. 116.

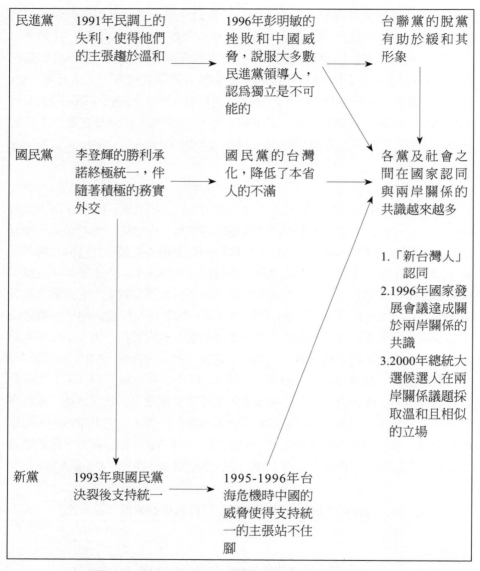

圖3.2　民主化如何緩和國家認同與兩岸關係議題

第三個議題在1990年代變得非常顯著、不斷成長的政治貪腐問題。這被稱為黑金政治——「黑」意指黑幫流氓，而「金」是指有錢商人。在國民黨威權統治下，貪腐與犯罪被控制在相當的程度，大約介於第一世界和第三世界之間的水平。民主化很不幸地釋放蓬勃發展的貪腐。警察國家的權力衰退使得非法活動，如政治貪腐更加猖獗。關鍵的刺激可能來自於一些民主化本身在政治過程中的副作用。首先，政治與競選變得所費不貲，迫使政治家必須依靠富有商人提供的捐助。其次，不斷增長的立法權給予小團體的政治家權力去賜予恩惠，如政府承包。舉例來說，商人的投訴、抱怨會促使立法委員成立他們自己的公司，並使用他們新「錢包的力量（power of purse）」去影響政府承包的投標和使用組織犯罪的關聯去恐嚇合法的投標競爭者（C. H. Chang, 1996; Y. H. Chu, 1994a; C. T. Kuo, 1998）。隨後，台灣在1990年代初期開始一個大型的基礎設施擴張計畫，為這些有政治關係的人創造利潤豐厚的機會。最後，當李登輝與他少壯派挑戰國民黨保守派，他們轉向去支持富有的商人和本土以贊助為導向的政治派系，通過揮舞他們於黨和政府內的保守派對手來平衡官僚權力。此外，國民黨經營各式各樣的生意，以及大多數的他們分享經濟快速發展所帶來的財富，給予黨大量台灣版本政治軟性捐款（soft money）（Bosco, 1994; M.T. Chen, 1996; F. Wang, 1994）。最後，大體上來說台灣活躍的經濟產生了大量的資源推動了政治貪腐的齒輪。

翁大銘與其華隆企業集團的案例提供一個對於黑金政治很好的描繪，以及它連結到在民主轉型的過程中主流派系與反主流派系的鬥爭：

> 華隆集團的領導者翁大銘資贊了朋友關中所創立的民主基金會，然而關中是總統李登輝的政敵。政府調查了華隆集團的業務交易並將其一些經理送入監獄，造成華隆集團的股票價格下跌。為了反擊，接受華隆集團資助的立法委員發起針對長榮集團的議案審查，而長榮集團是李登輝的忠實支持者。最終造成三位交通部首長下台的結果。翁大銘最後決定參選立法委員，並當選了，因此政府對於其的刑事定罪變得保守許多。選舉之後，華隆集團的股價水漲船高（C. T. Kuo, 1998: 93）。

　　舉例來看，華隆集團的創辦人翁大銘作爲一位立法委員，同時他經濟資助了二十位被稱爲「華隆牌」的立法委員，並掌控了立法院裡的財政委員會。由於翁大銘的影響力，任何立法或改革不僅不會有利於大企業（如重新施行與股票相連結的資本利得稅），或不會通過、或將遭受大規模改版，最終的結果大大地偏離原本立法的原意。翁大銘甚至運用他的政治影響力和經濟力量透過在股票市場裡的投機活動來控制、操作一些公司的股票價格。⋯⋯在近期的洪福弊案中，翁大銘的財務秘書李秀芬炒作華國公司股票並將所得超過六十億新台幣匯入翁大銘的帳戶中。因爲安全交易法的漏洞，翁大銘的不端行爲並不會被定罪。然而荒謬的是當醜聞爆發時，所有華隆牌的立法委員——大多數是國民黨籍，亦有一些是民進黨和新黨籍，前往翁大銘的住處保護他們的恩人免於調查局人員的調查（C. H. Chang, 1996: 94）。

　　黑金政治的發展是源自於商人與政治家之間供給需求關係的匯合，尤其是立法委員，如圖3.3所示。需求方很容易理解。選舉和立法委員在台灣的重要性逐漸增加使得競選變得非常昂貴，這大大地提升了那些掌控財富之人的政治權力，特別是商業界。爲什麼許多商人願意做政治投資的主要原因在於，民主化大大地改變了政府與商業關係的供給和需求，因政治家可以提供更有價值的報償。

　　這些快速成長的政治貪腐在三個主要領域觸犯了公眾觀感。首先，許多公共工程的合約變得高度政治化，當這些合約都爲政治家開設的公司所取得，根據許多例子來看，往往還與組織犯罪有所關聯。更不用說，關於政府工程的品質大打折扣以及公眾冷嘲熱諷隨之而起。其次，一些突出的商業領袖和企業集團公然運用政治關係和法律地位去幫助他們的公司，並影響股票市場，導致1990年代早期至中期似無止盡的一系列醜聞。最後，總以贊助爲導向的地方派系變得日益猖狂，並且伴隨著組織犯罪。舉例來說，在1990年代中期的一次打擊期間，估計近期所選出的地方政府議會中有近三分之一都與黑道有關連。

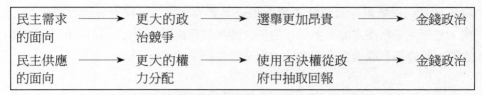

圖3.3　民主化如何產生金錢政治的動力

　　在1990年代黑金政治始終沒有在黨派衝突中顯現出來，儘管公眾對此有著不滿情緒，甚至感到憤怒。國民黨被廣泛地批評為最大的貪腐藝術實踐者。舉例來說，1990年代台灣人多傾向將國民黨視為貪腐更甚於民進黨，比例約為二比一（Fell, 2005:61）。民進黨率先打擊貪腐，但其意識形態派系仍較關心國家認同議題。隨著時間推移，還有其他政黨分明逐漸地成為貪腐的一員，並在1990年代中期，總統李登輝與國民黨中央推動一個可信的反貪腐活動，有部分目的是為了詆毀他們在黨內的對手，如宋楚瑜（Bosco, 1994; C. H. Chang, 1996; Y. H. Chu, 1994a; Fell, 2005; C. T. Kuo, 1998; Winn, 1994）。

　　第四組議題是公民福利。當在1990年代顯著政黨的差異出現時，政府於這個領域的行動在台灣較少爭議，並不像許多已開發國家。在威權時代，台灣的社會福利規劃相當溫和，而政府抑制勞工運動以幫助台灣維持它在國際經濟中作為低成本工業產品來源的利基（Y. H. Chu, 1994b; W. I. Lin and Chou, 2007, J. Wang, 2004）。同樣的，環境保護主義亦無疑因工業化需求而被犧牲（D. W. Chen, 1994; Williams, 1994）。

　　所以民進黨透過批評這個政權於此議題上也得到一些好處，事實上，朱雲漢與林澤民（1996）認為民進黨在這議題上的著墨對於他們在1990年代初期和中期的選舉勝利有相當貢獻。然而反對黨在國家認同問題上的首要興趣限制了在推動這個議題相關政策的侵略性。反而獨立的社會運動，如環境保護團體和農民、婦女協會（但或許驚訝的是沒有工會），於1980年代期間引領這些議題進入國家議程中（D. W. Chen, 1994; Y. H. Chu, 1994b, Hsiao, 1991）。此外，一旦社會福利政策如健康保險有所發展，它們將會創造一個強而有力的官僚和熱門選區，將會跨越黨派界線並抵制緊縮力度。再者，國民黨會在這些議題的立場一旦受到民眾歡迎且為社會運動和民進黨所支持時，採取扮演改革者的立場，並讓更多自由主流派系得以邊緣化國民黨守舊派。因此，在1990年代結束之際，社會福利政策在台灣政治中似乎能較公平地競逐。

Dafydd Fell（2005）提供了一個絕佳的理論模型來探討台灣第一個民主的十年間議題變革和政黨競爭。兩個政黨在1990年代初期開始極化，但亦因一些原因而有所匯集。首先，一般政治動態描繪這個時段促進了現代化。其次，民進黨與國民黨皆有選舉和意識形態的派系，因此日益重要的選舉對於政黨競爭更多力量朝向溫和發展。再者，有一個模式是每當民進黨將議題放入議程（如重新加入聯合國、社會福利改革），如果這些議題是受歡迎的，國民黨便會試圖竊取之，儘管並不會經常成功。最後，政黨強調不同議題。將這些因素放在一起來看，這些因素創造了交叉切割的分歧，削弱了政治衝突的針鋒相對。

台灣的民主轉型：議題結構作為促進者和潛在挑戰者

台灣的民主轉型是令人驚訝的平和及成功。一個核心的原因在於台灣政治領域中的主角（除了國民黨守舊派外）同意民主的規範，因此這一個國家在沒有歷史背景和傳統的情況下以驚人的速度朝向民主發展。關於這段時期中華民國的議題分歧，朱雲漢與林澤民（1996）提出頗耐人尋味的解釋。首先，上述所提及的國家認同問題上的模糊和不確定所帶來之影響創造了一個更具競爭性的政黨制度，其中的勝利變得有點問題，從而產生新的議題超越國家認同與傳統政黨分歧。國民黨和李登輝在國家認同議題上所能帶來的威脅不多，但在李登輝和中華人民共和國之間的頻繁衝突削弱了國民黨在此議題上的優勢。國民黨的主要派系藉由其在推動民主改革中所扮演之角色來獲得人氣，卻也因為與黑金政治的關聯而失去。民進黨因支持社會福利國家的擴展來改善日益嚴重的不平等而得利。新黨與清廉政府的連結亦十分受歡迎。所以主要的政黨與派系能在選舉中贏得足夠的選票使其能在這個體制中占有一席之地。除此之外，在立法機關的日常政治演變成（除了被廣泛宣傳的拳打互毆）議價關係，其中定期出現一些暫時結盟的「奇怪組合」。舉例來說，1993年民進黨默認支持國民黨主流派逼迫行政院長郝柏村下台，在他退休結束了在領導階層中所代表的外省保守勢力後，民進黨與國民黨主流派為爭取本省人的支持又成為彼此最強勁的敵人。

　　台灣政治的議題結構顯示在1990年代晚期為民主穩定性創造了一個強壯的基礎。然而矛盾的是這些議題分歧的本質（特別是我們先前討論過這四個議題的普遍共識）意味著一些挑戰政黨制度運作的潛能。這些可以被概念化為政黨制度下的兩個主要功能，如表3.2所示：(1)連接社會與政治菁英；(2)推動有效的政府績效。在連接公民與他們的政府這方面，在台灣主要議題的表面共識具備強大的潛力去模糊，而非弄清政策選擇，因此對於政黨的行為和立場難以課責。此外，這個共識意指有著強烈情緒的特別選區在一些議題，如國家認同、社會福利，會讓他們的觀點很難在公共政策上被呈現或置於政治議程上。在推動有效的政府績效層面，諷刺的事實是黑金政治並沒有變成一個主要黨派爭論議題，因為沒有任何一個政黨非常強力的推動淨化這座島嶼上日益嚴重的政治貪腐問題。反之，由於這個問題對行政官僚的政治干預而威脅了國家決策的能力（Clark, 2006b; Tan, 2008）。最後，在政黨競爭方面，在多數議題的表面共識（即使對國家認同有著高度情緒化的爭論）對於主要政黨的競爭造成一個問題，因為它使得政黨很難去辨別他們自身以及動員其選民，這給予他們強烈的誘因去喚起更多分化的政治分歧。

　　從1980年代中期或甚至到1990年代中期，台灣經濟奇蹟的稱號似乎當之無愧。然而從過去的十五年來看，台灣的經濟表現遠不如經濟奇蹟時期，不論是2001年和2008至2009年間發生的經濟衰退，還是其他時期，這段期間台灣經濟的成長很明顯低於早期經濟奇蹟的年代。在本章節，我們將探討這段時間的經濟緊張是導因於夾擊的經濟體（boxed-in economy）的增加，以至於被剝奪早先經濟快速成長的機會，諷刺的是許多台灣過去的經濟成就，在現今反而助長發展成一個被夾擊的經濟體。本章我們將從基本的經濟發展過程開始探討，再建立起一個能評估中華民國經濟發展的模式，然後討論二十一世紀前十年國家的經濟效能是否符合理論的預期，之後再提出兩種具有夾擊的經濟體特徵來作為案例研究：(1)中小企業在這個轉變中所扮演的角色和其效能，還有(2)台灣和中國經濟整合的增長趨勢。最後，我們從現階段的經濟發展來討論台灣經濟的優勢和限制。

　　關於國際政治和經濟理論基本想法與概念的重要性，讓我們認識到世界經濟政策是如何形成，以及國家的經濟又是如何成功的（Goldstein and Keohane, 1993; Hall, 1989; Nau, 1990）。因此，簡略地回顧國家經濟發展和國際競爭力相關的基本概念是合理的。

　　在很大的程度上，我們仍然可以從亞當‧斯密的《國富論》一書中提出許多概念和問題。亞當‧斯密（1975）主張唯有當整體總產量增加時，社會或國家的生活品質才能夠提升。接著，他又提出兩個可以讓社會整體總產量增加的關鍵因素。第一，新的科技或機器會讓出口量大幅提升；第二，勞工的專業化能夠提高生產量，這也就說明了作者為什麼會去研究一家不起眼的大頭針工廠。因此如果以自由市場為主（任何人都可以透過商議得到滿意的價格，自由買賣），一隻看不見的手會透過市場競爭來促進經濟發展，當某特定商品供不應求時，市民會哄抬價格，從而提供擴大生產量的動機，相反地供應過剩就會導致商品價格下跌。市場競爭除了得以獲取更多的利益之外，它也提供技術和組織改革的契機，以達到提升生產力和總產量，這也難怪經濟史學家羅伯特‧海爾布隆納稱這種模式為「亞當‧斯密式的美好世界」（1980）。然而，就經濟競爭本身就出現了兩種很難去解決的問題。首先，如果市場是不自由且不具競爭性的（即買方或賣方沒有足夠的市場力量去單方面的影響價格），即可能無法如預想的運作，其合理原因在於掌握市場權力的人，會使用其權力來扭曲市場，來獲利壟斷報酬。《國富論》一書本身就包含對官商勾結可能出現提出警告，像是屠夫、麵包師或蠟燭製造商所聚集的社交場合（Muller, 1993）。

在亞當‧斯密所生活的十八世紀末期的環境中，大多數的生產者規模小且多數企業的資本不大，所以一個市場是由一個生產者完全壟斷，或是由少數生產者寡頭壟斷所產生的問題，會比工業革命後大公司林立來的更好駕馭處理。在現代大公司林立和許多產業進入高壁壘狀況下，自由派通常認為政府就該如約翰‧加爾布雷斯（1978）所言，透過平衡的力量讓企業不足以坐大到扭曲市場，然而保守派卻反擊此論點，反倒認為政府的存在就是一個更強大的壟斷力，為達到政治目的運用其權力來扭曲市場。

這種政府干預經濟的意識形態辯論，在社會政策領域上變得越發強烈。關於「發展」一詞在本質和定義上則有著更廣泛的探討，傳統上來說，發展主要被定義在經濟方面上，認為工業化、高生產力以及高收入能帶來更高的生活水平，但以上標準是否準確還有待確認。舉例來說，正當工業化所產生的利益廣泛的擴展至東亞國家時，1960和70年代，巴西的工業化只有少數階層從中獲益。因此，發展被重新定義為包含人民生活品質或基本需求，在國際上主要以識字率、平均壽命和嬰兒死亡率作為衡量基準（B. E. Moon, 1991; Morris, 1970）。即使是在先進的工業化社會中，殘酷的市場競爭也無法顧及大多數的人。自由主義者認為採行社會公共項目是有其必要性的，因為可以削弱原始資本主義，而保守主義者反認為，這樣的主張會產生虹吸效應令資源離開生產經濟體。無論別人贊同何種主張，兩方皆隱含了經濟成長和公平之間有著悲哀權

衡的說法，也就是說，想追求達成上述任一目標，都必須付出犧牲另一目標的
代價。

其次，運用經濟競爭的概念時，會出現很不一樣的問題，因為競爭就意味
著勢必有一方將贏得勝利，另一方則失敗收場，這樣的比喻就特別吸引美國人
將它運用在戰爭和運動賽事上。然而，雖然專屬企業和個體企業採取直接競
爭，但是史密斯在資本主義的模型中就假定企業、社區和國家間相互依賴下，
可以將廉價的商品或技術轉換為生產力，使生產力更富成效和收穫。

因此，分工可以讓彼此相互獲益，但這卻不是一個必須的過程。不過此想
法卻引領我們了解發展的核心概念，當生產力提高和生活水平上升時，產量也
將隨之提升。傳統經濟學家長期主張，社會或國家都應該著重在對自己相對比
較有利的優勢上，而這通常取決於本身所擁有的資源如土地、勞動力和資本，
不過前提是認為大部分經濟活動的類型都能創造出平等。然而，從某些部分來
說，我們並不會特別去考慮生產率提高的問題，在大多數的情況下，工業生產
力會高於農業或其他服務業。舉例來說，有關出口較具有優勢商品的經典例
子，就是英國生產布去換取葡萄牙的酒，從工業化生產的角度來看，雖然這可
能意味著葡萄牙在近兩個世紀保持貧窮的同時，英國卻反而越來越富有。因
此，從工業革命開始，發展一詞普遍和工業化連結在一起。事實上，在二戰之
後僅有少數工業化國家致富，其餘的國家皆陷於貧困的泥淖之中。例如，在
十九世紀初期，已開發國家的富有程度是其他國家的兩倍，然而在1950年後，
彼此間的差距一下從兩倍躍升到八倍（Cohen, 1973）。

確實，工業化似乎可以創造出萊斯特‧瑟羅所說的「良性循環」
（1992）。在瑟羅的模型中，國家在十九和二十世紀期間，會藉由擁有和利用
以下四個資源的組合而致富並且達到工業化：(1)可被出售或作為工業需求輸
入的自然資源；(2)新技術；(3)將資金投注在原料和新技術；(4)由有技術的勞
工和企業家所形成的人力資本。如圖4.1所示，相互組合的過程更加強化了國
家的自我發展，因為工業化帶動了生產力的增長，不但創造出許多物質和人力
的資本也同時產生了新的技術。簡而言之，發展就意味著跳上工業化的手扶
梯，扶搖而上。

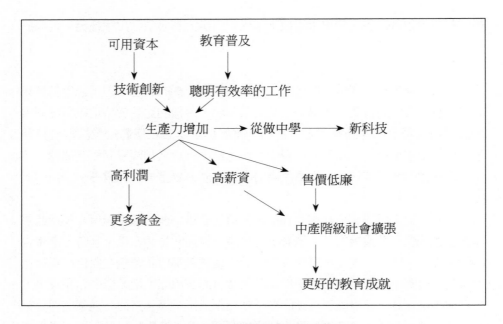

圖4.1 生產率增長的良性循環

　　工業化的本質在十九世紀和二十世紀間發生了巨大的變化，此變化主要出現在最先進或技術性高的行業，首先為紡織業、次之鋼鐵業、第三則是汽車工業，以及近代的高科技與先進的服務業。圖4.2呈現了主導型產業在增加生產率和GDP方面上會如何轉變成S型，圖4.2中的弧度，至少在經濟學家眼中看起來就如同字母S（Kuznets, 1976; Rostow, 1960）。在傳統經濟上，生產率提高的情形相對比較少，然而一旦開始工業化後，國民生產總值的增長就會開始起飛（Rostow, 1960）。從國內政策方面來說，這個模型就意味著政府需要優先制定有關教育和人力資本發展的相關政策，因為當國家走入國際產品的循環時，會有越來越多的工作需要高等教育和專業技術的人才。

　　然而，不像圖4.1單純以良性循環的觀點來看，其實產業發展的順序既不流暢也不是對所有人都有益處。首先，新興產業取而代之的過程，就如同約瑟夫‧熊彼特所提出的創造性破壞理論（1950），也就是形成新興產業時通常會帶來更高的生產率和更大的繁榮，然而舊產業毀滅的同時也對擁有專門技能的

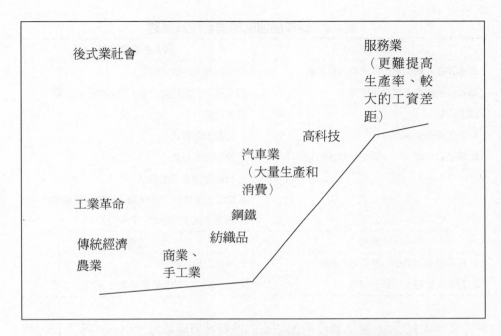

圖4.2 主導型經濟活動以及生產力和GDP成長的S型轉變

備註：線段表示每年GNP和生產增長比率。

群體和人民造成損害。第二，最終先進工業國的優勢也將消失殆盡，因為當國家超越高科技產業邁入後工業化社會時，其經濟將以服務業為主，此時國家的生產率會遠低於製造業時期。

　　國際產品的週期理論解釋這些產業又將如何波及影響已開發世界。從本質上來說，「國際產品的週期」意指特定產品的生命週期。一般來說，新產品會在最先進的工業國家中開發與生產，因為他們涉及了最新且最昂貴的技術，不只需要經過資本密集的生產流程，同時也需要具備高技術生產工人。然而，隨著時間的過去，生產項目走向更標準化且勞力密集。因此，如紡織和成衣產業越來越成熟時，生產的過程也會往高標準化和勞力密集前進，產品週期將擴展至技術比較不先進、勞動力成本低，但具有生活水平的國家。雖然在二戰之後，僅有西歐區域、北美和日本經歷此過程（Gilpin, 2001; Vernon, 1966）。

表4.1　從產品週期理論對比其意義

自由市場支持者	國家主義支持者
新產業進入產品週期取決於市場信號	市場力量凍結全球分工
國家干預扭曲市場市場經濟	國家可以行使制衡力量，打破發展的壁壘
國家行動	國家行動
1. 從生產企業抽租	1. 調動財政資源
2. 順從政治壓力，企業允許壟斷租金	2. 保護幼稚產業
	3. 補貼並促進夕陽產業
	4. 防止占主導地位的團體，阻礙經濟變革
	5. 與其他國家和跨國公司進行談判
危機	危機
1. 利用其他市場的力量來進行剝削	1. 成為掠奪式國家
2. 創建靜態的全球經濟體系	2. 比起市場，政策失誤會產生更壞的結果

　　如表4.1所示，雖然國際產品週期的性質被廣泛認可，但在政策上自由放任的支持者和政府促進經濟發展的提倡者間依然有著激烈的辯論。支持自由市場的人認為，民營企業家可以有效地累積資金，且為了自身的利益會去回應市場信號和原則，但政府將無法為了政治目的使用權力去干預市場，否則就像是扼殺一隻會生金蛋的鵝一樣（Balassa, 1981; Krueger, 1978; von Mises, 1983）。相反地，國家主義支持者則認為進入壁壘對大多數的產業都有所好處，以至於國家會願意在新興產業發展之初給予援助，如(1)調動資源；(2)提供貿易保護和補貼，以鼓勵新興幼稚產業；(3)避免占優勢的團體和階級抽租與阻礙變化；以及(4)協調和控制外部經濟力量（Amsden, 1989; Evans, Rueschemeyer, and Skocpol, 1985; Gerschenkron, 1962; Johnson, 1982; Wade, 1990）。

　　根據上述成長與公平相爭的辯論，說明這是一個具有高度意識形態的議題。然而，不同立場的雙方都舉出證據來表明，事實其實就介在兩者之間。從一方面來說，各國都已邁入工業化，其中也包括了據稱是採行放任經濟的美國，這些國家的政府提供支持的類型就如同表4.1國家主義支持者所呈現的一樣（Gilpin, 2001; Lake, 1988）。另一方面，當市場扭曲而遭遇失敗時，表中支持自由市場而提出的國家策略似乎有其效用存在（Amsden, 1989; Evans, 1995; Wade, 1990）。因此，不論是自由市場主義（即一些國家和經濟行業會因其他市場力量受到損害）或國家主義（即國家干預下將會損害經濟），兩者確實都具有一定的危險性。

　　最後，在二十世紀末時，世界經濟經歷了本質上的轉變，我們將此轉變廣義稱之為「全球化」。全球化主要是以兩個層面相互交織而成的，首先，從上個世紀下半葉開始的交通和通訊革命，促使人們以便宜和快速的方式運送貨物、資金和訊息到全世界。其次，國家間的界線在經濟交易上已經越來越模糊，特別是以美國為領導所創造出來的全球自由貿易經濟。因此，擁有資本和原料的優勢已經消失，而先進的技術可以單獨開發的時間也逐漸降低（Thurow, 1992）。一旦資本和技術開始迅速蔓延全球，以美國為首的世界經濟將會以從未有過的速度散播生產量。一開始先擴展至其他工業化國家，最後到擁有半熟練低成本勞工的國家，這也解釋了第三世界工業化的國家在面對成熟的經濟體時競爭日益激烈。此外，產品週期循環是一個動態的過程，這些國家達到第一層後，最終把它們自身價值定於全球經濟利基之外。成長帶來普世的繁榮和上升的工資，因此也迫使他們搶奪擁有較高產品循環的國家產業（Gilpin, 2001; Thurow, 1992）。

台灣及其發展的一般程序

　　前面幾個發展分析模型為台灣經濟奇蹟提供一個很好的解釋，在戰後小部分的發展中國家，台灣首先成為全球化經濟體並以出口導向工業為優勢，且符合國際產品週期理論，因此中華民國才有辦法於1960年代利用相對優勢的廉價勞動力外銷加工產品，之後就如同圖4.2所示，產業快速從輕工業到重工業最後迅速升級到高科技產業。然而，在1980年代後期，經濟成長過快，以至於許多基礎產業和其增長速度開始明顯地放緩。台灣的案例比起其他國家更適合拿來支持一些經濟活動的理論，舉例來說，如果說中華民國一直保持在1950年代中期的農業經濟，那我們現在就不會去談論有關它的經濟奇蹟了。

　　這個成功的例子讓人疑惑台灣是如何運用兩項關鍵要素去挑戰亞當‧斯密美好世界的理論：(1)運用市場力量去扭曲經濟；(2)確保能夠追求更理想經濟活動的能力。在這邊，台灣的經驗代表了表4.1所呈現出的自由市場和國家主義相互爭論的有效性。台灣之所以能夠發展的主因是因為一系列的經濟干預，令它在經濟發展上重組成更加理想的經濟活動，使國家能夠去配合國際產品週期。因此，如果沒有土地改革的話，農業發展將停滯不前；沒有進口替代的控制，將造成工業化的遲緩；沒有出口促進計劃，商業將集中在一起嚴重限制了國內市場；沒有政府在國有企業和基礎建設上的投資，重工業將停滯落後；沒有大規模的支持研發，那麼台灣也就無法擁有令人印象深刻的高科技產業上的成功經驗，這一連串成功的政策就和國家主義所主張的促進生產性經濟觀點一樣。

　　然而政策的成功也歸功於國家有限地干預，支持了自由市場的觀點。用第二章表2.10的術語來說，台灣政府推動經濟轉型的核心要點，就是運用政策手段來創造各種對經濟活動有益的環境，也因此國家不是處在於一個濫用其潛在壟斷權力的位置上（Chao and Myers, 1998）。然而，台灣的經濟政策卻限制了國內企業市場權力過度的問題。1950年代以後，在全球市場的競爭之下台灣企業必須成功，且中小企業在經濟中所扮演的角色，除了增強競爭力以外還有降低濫用壟斷和寡頭壟斷的威脅。因此在台灣有效但有限的國家干預下，解決了市場權力被濫用以及長期隸屬全球分工的勞力問題，從而開始了經濟奇蹟。

　　在圖4.2的理論模型中預測了國家的經濟增長，因為工業化轉型為訊息化時代經濟而明顯降低，且對於台灣減速增長的過程是否為正常現象，不需要去過分擔心。根據本世紀頭十年間的總數據顯示，對於國家經濟表現至少是有一些問題的，就如同是要解釋一個杯子呈現的是半滿還是半空的情形。如表4.2所示出現了兩次急遽的經濟衰退，在2001年隨著全球高科技泡沫化，中華民國的經濟收縮了2.2%，而2008至2009年的經濟衰退很可能更糟糕，因為它的時間持續的更長（Cooke, 2009; Gold, 2010）。2009年國內生產總值下降了1.9%，而後2008年只有微不足道的0.1%正向成長。總體而言，2001至2009年的平均只有成長2.8%，成長的速度遠不及過往任一個十年的一半比例。然而，這些數據也可以作為是正向的解釋，台灣確實不會因為最先進國家崩

表4.2　全年經濟增長（百分比）

2001	-2.2
2002	4.6
2003	3.5
2004	6.2
2005	4.2
2006	4.8
2007	5.7
2008	0.1
2009	-1.9
2010	10.5
2011	5.0[a]

資料來源：Council for Economic Planning and Development, Taiwan Statistical Data Book, 2009(Taipei:Council for Economic Planning and Development, 2009), p.17; M. Chang, "DGBAS Unveils Taiwan's Economic Report Card," TaiwanToday, February1, 2011, www.taiwantoday.tw.

備註：a. 估計數。

解所造成的衰退而被責怪，再者，中華民國在兩次顯著的經濟衰退中反彈更快，經過災難性的2001年後，經濟增長在2002年躍升至4.6%，另一個類似的復甦情況也開始於2009年年底（Rigger, 2010）。舉例來說，2010年快速躍升至10.5%，是1987年以來最高，預計2011年將降為5%（M. Chang, 2011）。此外，台灣2002年至2007年期間的平均增長率為4.8%，只比1990年代後期略低。

比較2000年和2008年，表4.3中台灣的經濟指標在十年間也有些許惡化，然而人均國民生產總值卻明顯從14,721美元上升至17,576美元，表示台灣已經邁入先進國家的行列中。製造業的跌勢趨緩，其占國內生產總值的比重僅從24%略為下滑至22%，同樣地，儲蓄和投資仍相當穩定的保持於每一季國內生產總值附近，國外的來源也各自占總投資的十分之一。此外，2000年和2008年政府的公共開支總額占國內生產總值21%的規模幾乎沒有變化，但在過去十年卻出現兩次顯著的改變。首先有可能的推測，出口在經濟中的角色於1987年到2000年間，GDP從52%略微下滑至47%之後開始回升。對比出口在新世紀頭十年間穩定成長至2008年65%的高點，也證明台灣作為出口機器的狀況相當良

表4.3　經濟表現指標

	2000	2008
人均國民生產總值（美元）	14,721	17,576
農業（就業%）	8	5
製造業（國內生產毛額%）	24	22
出口（國內生產毛額%）	47	65
貿易平衡（國內生產毛額%）	3	4
工業出口（國內生產毛額%）	99	99
存款（國內生產毛額%）	26	27
投資額（國內生產毛額%）	23	21
外國投資額（總投資%）	10	10
政府支出（國內生產毛額%）	21	21
最富有人口與最貧窮五分之一收入比	5.5	6.0

資料來源：Council for Economic Planning and Development, Taiwan Statistical Data Book, 2009(Taipei: Council for Economic Planning and Development, 2009).

好。相比之下，其他的變化顯然因爲不平等的狀況持續增加而呈現負面走向，例如，人口中最富有與最貧窮的收入比例爲五分之一，從5.5提升到6.0，是自1960年代以來達到最高的水平（參考第二章表2.4）。

　　然而，在全球金融危機爆發之前，以台灣2006至2007年來看，數據均大大地低於總數，相當普遍的看法是因爲經濟壓力和衰退，且其中之一的原因是，大多數用來評估國家經濟表現的參照組——其他亞洲四小龍國家，相較於香港、新加坡和韓國，台灣的經濟成長率特別是在2000年代中期股市上的表現均明顯停滯，因爲中華民國的政治有著對抗性和凶狠的特性，大大地削弱商業環境以及侵蝕其穩定性。此外，陳水扁總統與中國之間日益對立（參照下個部分台灣與中國的經濟關係），也爲經濟低迷提供一個更具體的原因，特別是限制並疏遠在中國開展業務的國內和國外企業（Y. H. Chu, 2007, 2008）。

　　我們可以指出，台灣在過去二十年的減速增長是否可被視爲是成熟經濟體都會遇到的正常問題？畢竟，早在1990年代初時，台灣就越發的擔憂以美國和日本爲首的全球經濟衰退之後，將造成工業化能力的削減或產業空心化的現象（Alexander, 2002; Graham, 1992; Harrison and Bluestone, 1988）。在台灣過度擔心之下，導致全國的高科技領導者，如台灣半導體製造公司於二十一世紀頭十年的中期，已經將許多重要的生產部分轉移到中國（J. Wong, 2010）。此外如圖4.2所示，台灣似乎特別在缺點方面隨著國際產品週期而變動，就如同美國和日本一般，不再是以最基本和最低端的經濟產業爲主，這意味著，企業必須與最先進的行業，如銀行、生物科技展開和世界先驅者的競爭，例如，儘管台灣在電腦和半導體上有著優良的表現，但在生物科技上卻並沒有發展得很好（C. J. Chen and Yeh, 2005; J. Wong, 2010）。因此，台灣就如同是被四面八方擠壓般，創造出夾擊的經濟體（boxed-in economy）模式。在接下來的兩節中我們將對這一現象進行個案研究：首先，第一個問題是中華民國的中小型企業不斷變化的競爭力，以及第二個涉及到台灣和中國之間經濟影響日益擴大的問題。

中小企業的競爭力變化

從1960年代到1980年代間，中小企業提供了台灣出口成長的動力，他們所具備的靈活性和創業精神使他們能夠在不斷變化的市場中占有優勢，同時也被證明擁有能力將產業升級爲先進的電子產品（Greenhalgh, 1988a; Harrell, 1985; Hu and Schive, 1998; Lam, 1992; Lam and Clark, 1994; R. I. Wu and Huang, 2003）。在1990年代時，海峽兩岸日益融合，他們便藉此機會將生產轉移到中國（Naughton, 1997）。然而，在過去二十年間，中小企業在低成本生產的發展中國家和已開發國家的大型企業之間的生存空間日益受到擠壓（R. I. Wu and Huang, 2003）。此外，由於中小企業的規模較小且分散，他們在台灣的政治影響力相當有限，這也使得他們很難去獲得政府的援助。因此，台灣依賴這個領域作爲國家成長的引擎，創造了快速工業化的成長基礎，但現在卻也限制了中小企業對國家經濟持續上升的貢獻。

我們無法透過輕描淡寫的方式去說明台灣中小型企業對經濟奇蹟所作出的主要貢獻。在1961年時，台灣的中小企業有99%是由各種類的台灣企業構成，到了1997年時，依然包含了98%的公司企業。由此可知中小企業在台灣經濟中扮演著重要的角色，例如從1970年代末到80年代初，中小企業由不到一半的製造業生產者所構成，但在商業銷售額中卻超過80%（H. L. Wu, 1988）。以就業方面來說，1976年時中小企業僱用約61%的本地勞工，而這個百分比在1997年時增加到78%。至於出口占有率而言，1981年中小企業占全部出口的68%，但這個數字在1997年時下降到49%（R. I. Wu and Huang, 2003）。整體而言就如表4.4所示，台灣產業的集中度遠遠不如韓國。舉例來說，1983年兩國的國民生產總值上的差異，韓國五十大企業的生產占94%，而台灣九十六大企業卻僅僅只占了32%。因此，霍德華・派克總結出，以國際標準的公司規模來說，中華民國的企業規模可謂是非常小（1992: 104）。根據這些統計數據，我們能清楚地知道台灣邁向經濟發展的關鍵就是中小企業。

有趣的是，這些靈活的中小企業不只是台灣快速工業化的獨特象徵，也是台灣政治史上的一個成果。藉由接受現狀或是主動改善，國民黨害怕任何挑戰威脅其統治地位，因此在工業結構上會優先考慮相對比較分散的策略，來約束較強大且利益較集中的團體出現（Y. H. Chu, 1999; Tan, 2001）。透過拉攏台灣地方菁英、土地改革以及之後建立國有企業去主導金融業與重工業，國民黨（有意或無意）的鼓勵中小型企業發展，並期望能夠在政權上得到社會的支持（Y. H. Chu, 1999）。相對穩定的社會支持，主要從失業率的下降、家庭收入的增加以及收入差距快速的遞減來作為基礎，這一切皆導因於中小型企業的增加。然而，中小企業的增加程度和活力程度皆反映出它一直都是政權之下一項明確的策略。就如同以上所論述的，台灣的發展政策創造出適合中小型企業發

表4.4　產業集中度指標

	台灣	南韓
五大企業集團（1983年，國民生產毛額%）	10.3	52.4
五十大企業集團（1983年[a]，國民生產毛額%）	31.7	93.8
十大公司（1987年，國內生產毛額%）	14.3	63.5

資料來源：K. J. Fields, Enterprise and the State in South Korea and Taiwan (Ithaca: Cornell University Press, 1995), p.6; S. G. Hong, "Paths of Glory: Semiconductor Leapfrogging in Taiwan and South Korea," Pacific Focus 7, no.1 (1992): 63.

備註：a 表示96家台灣大企業。

展的環境，但令人覺得疑惑的是政府官員會針對特定經濟類型來發展。

　　台灣的中小企業追求高度企業化來作爲戰略目標，此戰略目標被林丹尼（Danny Lam）稱之爲游擊式資本主義。所謂的游擊式資本主義就是即便是小筆訂單也能靈活應變、快速提交，並注重品質和設計，大膽地參與複雜的外包網絡中，以及不忘忽略政府法規和國際法，如有關智慧財產權的相關法案。中小企業也證明了他們擁有革新和提升營運模式的能力，因此，正當1960年代游擊式資本主義在紡織和製鞋產業上起飛時，上述的企業家卻在1970年代開始引進低階技術的電子產品組裝，到了1980年代時部分產業升級到更精密的高科技產業（Greenhalgh, 1984, 1988a; C. T. Kuo, 1998; Lam, 1992; Lam and Lee, 1992; Skoggard, 1996; S. L. Wong, 1988）。

　　中小企業之所以會成功是由於其組織內的許多特性。在台灣眾多產業競爭之下能廣泛地運用外包網絡，是一種非常常見的模式。因此，雖然優勝的承包商能夠從利潤豐厚的國外訂單中獲益，但這家公司透過發包會讓整體產業的生產力懈怠。這種發包網絡的普及，提供了便利的所有權通行模式，因爲在一個特定的行業中，幾乎所有的企業都擁有對方的股份。發包透過兩種方式來提高市場效率：第一，承包商從他們對當地產業的了解，來獲得超常的利潤，他們通常會以此方式發包給生產過剩的廠商，將售價定爲邊際成本而不是全部成本。第二，允許發包廠商保持與其他公司的生意，並透過做中學的方式讓生產更有效率，換句話說，比起在西方以零和遊戲爲特色的招標過程，台灣的商業則是以贏家獲得最多，失敗者獲得較少的利益，但在發包的工作中依然是有利可圖，此過程也說明了小企業如何去避免常會遇到的侷限，如資金欠缺和無法應付的大筆訂單。這種錯綜複雜的發包網絡，使台灣的產業成爲一個統一的組織，而不是個別分散的獨立單位。

　　發包網絡的關係延伸至產業組織也是一種台灣特有的模式，有鑑於西方模式的產業通常是一家公司集合所有資本設備，而台灣的產業是以資本所有權爲主要的形式，每件設備都是由一個企業家所擁有，當然這種形式在現今也存在著嚴重的弊端。其一，要串起這麼多獨立的承包商，並進行大規模的品質控管幾乎是不可能；其二，在這個過程中，製造商會遇到無所不在的瓶頸；其三，要找到特定作業的理想機器機會極小，因爲它很有可能無法適用。但是從台灣的角度來看，以這種系統作爲一個整體是極具靈活性的，沒有人會像西方現代工廠一樣，因爲被困在於固定投資的特定資本工廠中而發生的閒置狀況（Greenhalgh, 1988a; C. T. Kuo, 1998; Lam, 1992; Myers, 1984; Silin, 1976）。

1960年代末到70年代，產業從紡織業轉型至電子業，其實也應用了游擊式資本主義的原則，去獲得跨國公司的技術轉讓，主導台灣初期的電子產業特別是出口部門。諷刺的是，本土企業也受到跨國公司組裝和零件製造的刺激而快速增長，正如其他產業一樣，當新來的企業需要從穩固的老公司中招聘有技術的經營者時，在勞動力和管理上就會出現大規模的流動。因此，每一個新進的公司不僅創造了更多訓練當地員工的機會，也讓穩固的公司有機會將員工外派到國外。自然而然的，每當出現一個新的企業時，有經驗和技術的管理人員其薪資和福利也會隨之上漲，且當有經驗的管理者離開穩固的老公司時，就會爲基層員工創造更多向上移動的機會，這種快速的流動，進而迅速地造就出一大群擁有多家公司豐富經驗且訓練有素的管理人員。公司間彼此地緣位置相近，使勞動力更加容易流動，再者，一個相對比較小的產業其經營者間會造就快速且廣泛的勞動力網絡，彼此間表面的競爭關係也漸漸轉爲常態。

事實上，本土經理人很快就意識到跨國公司的營運並沒有非常複雜。組裝生產作業的經理人就發現到，他們自身能力的不足是因爲建立在資金短缺上，因此自然而然的很多人就抓住了這個機會，留下跨國公司的人員，建立起屬於自己的裝配生產線，有時候是完全獨立作業，有時候是和其他少數同行共同合作，並提供本土大企業的支持給渴望進入的新公司。這些新進公司則和其他公司爭奪零組件的發包，隨著時間的過去，在學習過簡單的組裝後，開始建立起更多更複雜的組裝線，且不是向經驗豐富的設計師學習就是購買設計，最後開始製造完整組裝的簡單消費類電子產品，如收音機。漸漸地技術將會更加成熟完善，足以打造錄音播放機和其他更複雜的消費電子產品（C. T. Kuo, 1998; Lam, 1992; Schive, 1990; N. T. Wang, 1992）。

再者，由於電子元件產業的主要特色就在其是由高度不同種類的產品成分組成，因此常遇到特定零件短缺的困境，台灣的企業家透過巧妙的應對方式來回應這樣的市場環境，且更進一步地將產業靈活化。企業家不斷地追尋具高利潤的產品，不僅有益於公司本身還有整個產業。此外，如果利潤對一個產品來說是好的，他們會在利潤最高的時候進入市場，因為他們知道自己最終不會是成本最低的供應商。然而，當市場達到平衡時，他們已經可以取得利潤並轉移到其他產品上。游擊式資本主義模式的額外好處就是台灣的廠商能夠在採行貿易保護主義之下領先一截（Hong, 1992; Lam, 1992）。

最後，一般來說游擊式資本主義會獨立應用在國家上，且這種獨立主要是建立在靈活性和低成本上。因此，理論上的小缺陷會再一次於實際中轉變成為優點，正式紀錄上的疏忽、詳細的書面計畫以及會計項目，讓這些小企業與國家稅務人員玩起了貓捉老鼠的遊戲。此外，少數小型企業懶得去取得合法開辦企業所需的大量許可證明，使他們能夠躲避壓制大型企業的繁瑣規定（Lam, 1992）。

1980年代初，中小企業在全球化的市場上已經開始受到挑戰。同一時期正當韓國開始著手開發如三星、現代、LG等品牌時，台灣的中小企業仍舊依賴於原始設備的製造商（即在承包或發包之下，為其他品牌生產產品），以生產高產量和高要求的出口產品。這種特殊的經營方式到現今仍在總營收中占了相當大的比例，甚至台灣較大的資訊科技和電腦公司如宏碁、華碩和鴻海皆是如此。從1982年高達70%的總出口市場占有率到1997年時台灣的中小企業總出口份額下降到49%（R. I. Wu and Huang, 2003），之後於2006年又降至更低的28%（Small and Medium Enterprises Administration, 2008）。當台灣的生產成本增加時（因為勞動力市場的緊縮和勞動力成本的上升），中小企業在國際產品週期的迫使下，將開始生產更多資本密集型的產品。

隨著東南亞開發中國家，還有特別是中國的製造商加入全球市場，讓台灣的中小企業開始面臨到更厲害的競爭力和保持盈利的挑戰。在1997年的亞洲金融危機中，國民黨政府透過採用提供出口擔保、稅收優惠和協助融資等政策，幫助中小企業渡過這段出口和經濟環境艱難的時刻。到了1990年代末，隨著產業結構不斷的調整，政府更加認知到中小企業所面臨的挑戰，因此，在國家法案中制定了中小企業保護條款（Small and Medium Enterprises Administration, 2008）。同時，在研究與開發的政策上，政府透過公共投資和稅制優惠的實施，鼓勵中小企業轉型並升級爲知識密集型產業。

正當許多中小企業已經能夠調整自身結構時，台灣在國際產品週期位置上的生存能力很自然的遭到規模經濟嚴重破壞。台灣的產業發展已經反映了工廠從勞動密集生產轉型爲更精密的知識密集生產，如資訊科技、電腦和軟體。在此階段的產品週期，台灣中小企業遭到越來越多來自於能夠提供廉價製造的發展中國家和生產先進科技產品的已開國家之間的擠壓。由於台灣中小企業受限於資源以及無法充分利用的規模經濟，讓其面臨被迫轉移至鄰近的中國（以及比較小範圍的東南亞），這也造成了對中國依賴日益漸深的危機。然而，自從中小企業成爲台灣最大的雇主，且在一定程度上有助於增加家庭收入和分配平均收入，這種將台灣產業結構根基搬移至對岸的行動，不僅對台灣造成產業眞空的影響，也導致收入停滯、相對較高的失業率和收入分配不均的問題。

儘管我們承認中小企業的重要性以及他們對台灣經濟成長歷史上的貢獻，還是有以下幾項因素削弱中小企業在台灣經濟中所扮演角色的能力。首先，中小企業的性質和結構，限制了自身輕鬆轉型的能力，自2000年陳水扁就職以來，台灣的經濟發展軌道開始進入一段相當具有挑戰性的時期，2000年起，台灣被推向國際產品週期的階段，需要大量投資、不斷創新和研發以知識爲基礎的產業如訊息科技和生物科技（J. Wong, 2010）。雖然中小企業的資金流動性，在一般情況下仍保持健康的水平，但這種以知識爲基礎的新經濟模式，需要大量投資在基礎建設、研發和人力資源上，這讓台灣中小企業出現極艱鉅的挑戰。

在2008年台灣中小企業白皮書中記述：「由於面積小且資源有限，再加上長期專注於標準化及大批生產的思維模式，台灣中小企業往往不願意去進行研發，因此在這個領域上極欠缺經驗。這樣一來，台灣的中小企業和中國、印度相比下較不具有競爭力」（Small and Medium Enterprises Administration, 2008:

xiv）。從這份報告中我們可以推論，中小企業的結構已經成爲一種約束，使它很難去面對以知識爲基礎的產業轉型挑戰。不過，儘管傳統的中小企業在台灣面臨越來越大的壓力，仍然有一些小企業是基於先進的科學、電腦和設計等技術，並對國家的新產業升級產生主導的作用（Y. H. Wang, 2010）。

其次，自從民主化後，台灣政治經濟的自然改變也約束了中小企業。伴隨著台灣民主的轉型，中小企業開始試圖成爲影響政府政策和政黨的團體之一，結果導致越來越多的集團爲吸引政治人物的注意而產生競爭，也使得中小企業進入一個多元且具有競爭力的利益團體環境。因爲中小企業在組織上較爲分散且在政治上處於弱勢，這讓他們很難成爲具有影響力的團體，事實上威權時期鼓勵中小企業發展和創造大型國有企業的基本理由，都是爲了防止企業成爲一股制衡國民黨的力量。然而，經過1990年代的民主化，創造出一個多元且具競爭力的政策制定環境，讓利益團體有越來越大、越有組織性及越發集中的趨勢，就如同大型企業集團成長茁壯的過程（Tan, 2008）。

中小企業在台灣政治經濟上相對弱化，可以從政府計畫去促進創新產業政策如高科技、生物科技、訊息技術和軟體來達到證實（Small and Medium Enterprises Administration, 2008）。儘管政府的官方立場是幫助中小企業實現這些高附加價值的產業，但實際上大多數的中小企業（從它們的結構和資源來看）根本不具備利用這些計畫的優勢。政治決策環境的自由化，不僅給強大的利益團體有影響政策決定的機會，也給政治人物新的途徑去培養政治和社會上的支持。然而，這些新的途徑和機會，對於那些相對較分散且弱勢的利益團體如中小企業來說，並沒有特別的幫助。

與中國經濟一體化的利益和風險

正如第二章所述，台灣經濟成熟時期（1988-2000）的主要特徵之一就是經濟方面取向大陸改革，這爲二十一世紀初期帶來了利潤和危險，顯然在中國的經濟活動有足夠的利潤吸引台灣人去投資並與其進行貿易，然而，海峽兩岸經濟的爆炸性互動，也伴隨著許多危險。首先，台商在中國（和其他國家）投資的快速增長，引發市場擔心中華民國當前的繁榮經濟會被破壞，特別是經歷了二十一世紀初的兩次經濟衰退；其次，中華人民共和國從已開發世界的基礎產業離岸運動的受援國中脫穎而出，使其經濟部門有能力升級至發展中國家先進的行列之中（Naughton, 2007）。因此，事實上台灣的產業壓倒性轉移到中國，而非其他低成本勞動力國家，這其實也代表了對國內公司持續經營的能力產生極大的威脅，如同上文中所指出越來越多先進半導體產業穿越台灣海峽快速移動至對岸；最後，中國大陸和台灣之間日益擴大的經濟一體化對台北產生獨特的威脅和危險，因爲北京當局聲稱台灣有主權上的問題（Chow, 2008; Clark, 2006, 2007; Tucker, 2005, 2009），這也使得中華民國容易因依賴中國經濟而遭到制約，就如同1930年代德國納粹之於東歐（Hirschman, 1980）。

　　圖4.3總結了台灣與中國日益嚴重的經濟一體化聯繫，這些聯繫也意味著1990年代末隨著經濟逐漸一體化開始出現顯著的挑戰。在圖的左側顯示，1980年代末至90年代初，當中國開始以出口工業產品爲中心時，台灣已在經濟成熟的出口驅動中脫離，這兩個經濟體的日益互補成爲主要的推力來源。因地理、文化和語言上的相近強化了這種互補性，從而使中國成爲一個對台商極具吸引力的基地，此外，似乎隱含了台北和北京間的政治兼容性，李總統所採行的務實外交並沒有爲中國和中華民國帶來最終的分離，在此同時中國政府認爲不斷增長的經濟交往將拉近台灣與中國間的關係，最終能夠達成統一的目標（Clark, 2007; Kastner, 2009; Y. S. Wu, 1995）。

　　圖4.3右側總結了一些能夠提高經濟互動的影響因素，首先中華人民共和國和中華民國間遠遠超出了簡單的交易或商品和服務間的交換，更確切地說，台灣的企業藉由中華民國和中華人民共和國各採行不同階段的經濟措施，而在海峽兩岸建立起一體化的生產網絡，如在台灣設計和製造的高級組建最後在中國組裝（Bolt, 2001; Y. H. Chu, 1999; Naughton, 1997; Y. S. Wu, 1995），這也呼應了格里芬（Gary Gereffi, 1998）所說的商品鏈，其次，在1990年代台商的活動導致了企業家大量移民到中國城市，比如光是生活在上海的中華民國公民大約就有50萬人，這也導致一些觀察家發表中國部分地區不斷台灣化的相關評論（Bolt, 2001; Clough, 1999）。然而，台灣海峽兩岸的互動增加，並不僅僅

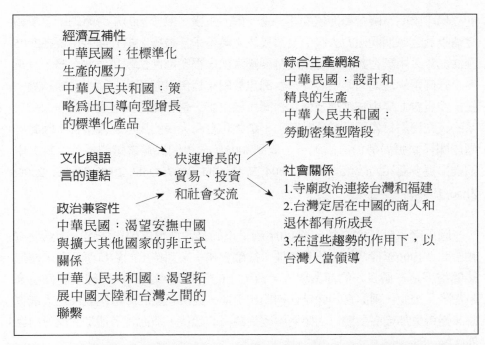

經濟互補性
中華民國：往標準化
生產的壓力
中華人民共和國：策
略為出口導向型增長
的標準化產品

綜合生產網絡
中華民國：設計和
精良的生產
中華人民共和國：
勞動密集型階段

文化與語
言的連結

快速增長的
貿易、投資
和社會交流

社會關係
1.寺廟政治連接台灣和福建
2.台灣定居在中國的商人和
退休都有所成長
3.在這些趨勢的作用下，以
台灣人當領導

政治兼容性
中華民國：渴望安撫中國
與擴大其他國家的非正式
關係
中華人民共和國：渴望拓
展中國大陸和台灣之間的
聯繫

圖4.3　在1990年代的初期和中期，台灣及中國南部沿海一帶經濟整合的增長

局限於經濟領域，一些台灣人也重新找回自己在福建的根。例如，默里‧魯賓斯坦（1995）描述了海峽兩岸的寺廟有趣的政治過程，台灣的寺廟是源自於福建寺廟中古老的一種。

　　透過圖4.3的動態發展，顯示出經濟和社會融合的一個自我強化的過程，然而，在模型中並不是所有的因素皆處於不變的狀態。在1990年代上半時期，政治上的兼容很快被一系列大小危機所取代，就如圖4.4中所描述，北京和台北相互輪流挑起爭端。1995至1996年似乎是一段過度反應時期，因李登輝訪問母校美國康乃爾大學，中國開始了一系列與之對抗的飛彈外交，1999年李登輝聲明北京與台北是特殊國與國的關係，再次挑起一場新的危機。一年後，中國威脅如果陳水扁當選2000年的台灣總統，將會帶來可怕的後果，也忽視陳在選後主動提出的安撫策略。兩年後也就是2002年的夏天，陳水扁採取了更加積極的立場，聲明有關台灣海峽的「一邊一國」主張，並於2004年台灣總統選舉和立法委員選舉期間極力去吸引台灣民族主義份子。最後，第五回合出現在2005至2006年，中國在2005年提出反分裂國家法，很明顯此法就是針對台灣，且再一次升高兩岸之間的緊張關係。台灣也於隔年提出具體回應，陳水扁凍結國家統一委員會並集中在維護及強化台灣民族主義，這也促使民進黨中傾向深綠一系的人在面對日益增長的流言時，不斷強化台灣人民的民族主義精神。因此，兩岸關係緊張局勢仍居高不下，直到2008年代表國民黨當選的馬英九針對中國提出更多溫和的政策（Bush, 2004; Y. H. Chu, 2007; Gold, 2009; Tucker, 2009; Zhao, 1999）。

因此隨著世代的交替，圖4.3中所呈現的良性循環已停止運作，因為北京和台北在1990年代初的政治兼容性，被敵意和一系列持續的對抗所取代，毫無疑問這不是一個良好的商業環境，政治上的不穩定導致長期的經濟關係越來越危險。因此，兩岸在1990年代初期和中期，經濟互動的激增應該停止，或者應該變得更加靈活易變以因應兩岸政治關係的起伏，然而實情卻是往反方向發展。

事實上，在新世紀交替之際，台灣與中國之間的經濟交往日益漸深，彼此間的貿易和投資增長相當一致，在經濟相互影響下出現新的高潮，是由多種因素相繼推動而成的。首先，在1999年和2000年上半年台灣經濟強勢增長，兩岸的高科技零件特別受益，例如2000年批准了新的投資項目中所涉及的電子行業占三分之二。2000年5月宣布一項重大的計畫，一個60.4億的合資公司投資上海半導體廠，這肯定是充滿了象徵意義和政治意義，因為它涉及到中華人民共和國主席江澤民之子，以及台灣石化業龍頭台塑的王永慶，同時也表明了相信兩岸關係是不容易被摧毀的。其次，在2000年的秋天，全球經濟衰退重創台灣高科技的生產，許多島上以國內為主要方向的公司企業，試圖擴大到大陸來彌補中華民國經濟形勢上的惡化（Bolt, 2001; Cooke, 2006）。最後，台灣的經濟體於2001年的經濟衰退後再度回升，經濟擴張初始的邏輯重新生效，例如，在2004年有三分之二的台灣對外直接投資大陸，其電子產業占了45%（Mainland Affairs Council, 2005: 31-32）。

第一回合

· 1995年6月李登輝總統參訪美國康乃爾大學

· 1995-1996年台灣海峽危機，北京聲稱此舉動代表台灣獨立和飛彈外交的報復性行為

· 李登輝在1996年的選舉中獲勝，強烈暗示了中國的威脅是適得其反

第二回合

· 1998年6月總統比爾·克林頓在上海支持中國三不政策的主權立場，台北則在外界的擔心壓力下做出不可接受的讓步

· 李登輝總統宣布台灣與中國大陸之間的特殊國與國關係，他支持台獨的理論也挑起中國的怒火

· 美國首先責罵台灣，然後試圖從輕微的軍事報復來威懾中國

第三回合

· 北京威脅的嚴重後果，讓贊成獨立的候選人贏得台灣2000年總統選舉

· 代表民進黨的陳水扁險勝

· 陳水扁安撫性的承諾，並在就職演說上表示不追求獨立（五不政策）

· 中國政府無視陳水扁的退讓，從主要要求陳不能追求國家獨立，變更成需接受一中原則

· 中國持續發展飛彈，因此被台灣和美國視為是威脅

第四回合

· 2002年夏天陳水扁轉換了台海政策，為兩岸各自表述

· 2003年末到2004年，陳水扁陣營在總統與立法委員選舉中，提出具有強烈的民族主義以吸引他的基礎選區

· 中國大眾的反應十分有限，但偶爾從北京當局明確傳達出越來越強烈的威脅

第五回合

· 2005年3月中國的反分裂國家法，重新點燃了台海緊張的局勢

· 2006年陳水扁凍結國統會及國家統一綱領

· 2006年後陳水扁隨著越來越多的醜聞纏身，陳成為高度國家主義者

圖4.4　中國和台灣之間的主權鬥爭

　　從圖中的數據證實了，海峽兩岸交往的新動力是來自於經濟和社會的聯繫。表4.5顯示，台灣與中國大陸之間的貿易在1990年代上半期呈現直線上升。例如，台灣1990年和1995年間出口到中國的總額從40.4億躍升到190.4億，相差了約4.5倍，中華民國出口總額百分比從7%上升至17%，在過去十年的後半段，1996年和1997年間雖然有小幅增長但幾乎沒有變化，隨後的1998年有小幅下跌，而到1999年開始有了相應的恢復。在二十一世紀的頭十年見證了另一個巨大的激增，出口從1999年的210億到2003年的380億，至2007年時躍升至740億，2008年全球經濟再次大衰退，經濟衰退後台灣出口至中國的總額在2009年大幅下降至620億，2010的前十一個月，兩岸經濟復甦，再次迅速提高經濟互動，台灣出口至中國的貿易額躍升至780億。此外，2007年到2010年間台灣出口至中國的總額百分比高達30%，中國已然成為中華民國的第一大貿易夥伴。

　　在過去的二十年裡，台灣與中國的貿易在涉及中華民國的兩種影響之下一直是不平衡的。首先，如表4.6的上半部分所示，台灣一直處於巨額的貿易順差，也就是說出口額遠遠超過進口，雖然有時下降但普遍還是有利的。在1990年代上半時期，從5或6比1逐漸下降到2000年的4比1，到2008年時為2.4比1，這是由於兩岸商品鏈中，先進的零件是在台灣生產中國組裝，且對中國的商品採行進口限制，這也對台灣與美國的貿易關係產生有利的影響，因為1980年代與美國的巨額貿易順差是因為越來越多貨物透過中國轉運，讓貿易爭端和政治摩擦大幅下降。

　　其次，較危險的是隨著中國超越台灣的貿易額越來越多，中華民國與其共同的貿易變得更為重要（至少從統計上來看），這種戲劇性的轉變可以從表4.6的下半部看出來。1990年台灣比起中國依然有更多的貿易額，因此，兩岸經濟物品的交流，透過海峽構成了中國進口的8.2%，台灣出口的6.5%。這些變化比起台灣來說對於中國來講稍微重要，這明顯指出中華民國出口對比中國進口的比例為0.8比1。相比之下，從1990年代初中國出口導向增長的策略意味著其貿易總額遠勝過台灣，因此，該比例透過中國的支持快速增長，從1995年1.2比1，上升到2008年的4.4比1。在二十一世紀的頭十年，對台灣出口至中國

表4.5　台灣出口到中國

	出口總額（十億美元）	台灣出口總額百分比
1984	—	1
1985	—	3
1986	—	2
1987	—	2
1988	—	4
1989	—	5
1990	4.4	7
1991	7.5	10
1992	10.5	13
1993	14.0	16
1994	16.0	17
1995	19.4	17
1996	20.7	18
1997	22.5	18
1998	19.8	18
1999	21.3	17
2000	25.0	16
2001	25.6	20
2002	31.5	23
2003	38.3	25
2004	48.9	27
2005	56.3	28
2006	63.3	28
2007	74.2	30
2008	74.0	29
2009	62.1	30
2010[a]	77.8	31

資料來源：Mainland Affairs Council, Cross-Strait Economic Statistics Monthly, no. 216 (Taipei: Mainland Affairs Council, www.mac.gov.tw, 2011), pp.24 and 26.

備註："—"表示資料無法提供。

　　a.僅從1月到11月。

表4.6　兩岸貿易的不平衡

貿易平衡		
出口到中國 （十億美元）	從中國進口 （十億美元）	出口與進口 之比例
1990　4.4	0.8	5.5比1
1995　19.4	3.1	6.3比1
2000　25.0	6.2	4.0比1
2005　56.3	20.1	2.8比1
2008　74.0	31.4	2.4比1
從中華民國出口至中國，對兩國的重要性		
台灣出口%	中國進口%	台灣出口與中國進口之比例
1990　6.5	8.2	0.8比1
1995　17.2	14.7	1.2比1
2000　16.5	11.1	1.5比1
2005　28.4	8.5	3.3比1
2008　28.9	6.5	4.4比1

資料來源：Mainland Affairs Council, Cross-Strait Economic Statistics Monthly, no. 205 (Taipei: Mainland Affairs Council, www.mac.gov.tw, 2010), pp.23, 26 and 27.

來說前者比後者更重要，這表示經典的外貿依存模式已然形成（Hirschman, 1980）。令台灣產生恐懼的是，在民進黨執政時，因為不斷增長的經濟聯繫可能會削弱國家的主權（Gold, 2010; T. Y. Wang, 2009）。

　　表4.6和4.7為每年中華民國經濟部批准台灣在中國投資項目的相關數據，可以發現貿易數據依然遠不及廣泛投資下的數目有以下幾個原因：首先也最為重要的是，大量資金需透過第三國進行匯入，以規避台灣在大陸的投資限制；其次，在一年內批准的項目需要全數實施否則有可能完全告吹；以及第三，以下幾年的資料數據（1993、1997、1998、2002和2003）以及包含過往幾年的都較晚申報，總體而言，普遍認為這些數據低估了實際的投資量（Clark, 2007; Kastner, 2009）。然而，有一個重要的部分，表4.7中的投資數據與貿易資料相似，兩者皆顯示2002或2003年總額大幅上升，2009年經濟大衰退時又明顯下滑，並於2010年再次復甦。舉例來說，2001年至2002年間經批准的投資上升約2.5倍，從28億上升至67億，之後在2009年從107億下滑至71億，下降約三分之

一倍，但隨後在1月至11月間又回升至歷史新高122億。表4.7的右欄中顯示出
這些投資項目的平均規模，在1990年代到2000年初，平均項目約在100萬到300
萬美元之間，儘管十年中平均投資規模迅速從2003年的200萬躍升至2005年的
460萬、2008年的1660萬以及2010年的1570萬，這也顯示出轉為投資更高階且
複雜的貿易項目。就如同我們將在最後一節所提到的，台灣中小企業的成長壓
力越來越大。

表4.7　由中華民國經濟部批准台灣投資中國的總貿易額

	總額（十億美元）	平均投資（百萬美元）
1991	0.2	0.73
1992	0.2	0.94
1993[a]	1.1	0.90
1994	1.0	1.03
1995	1.1	2.23
1996	1.2	3.21
1997[a]	4.3	0.50
1998[a]	2.0	1.58
1999	1.3	2.57
2000	2.6	3.10
2001	2.8	2.35
2002[a]	6.7	2.16
2003[a]	7.7	1.99
2004	6.9	3.46
2005	6.0	4.63
2006	7.6	7.01
2007	10.0	10.01
2008	10.7	16.63
2009	7.1	12.11
2010[b]	12.2	15.72

資料來源：Mainland Affairs Council, Cross-Strait Economic Statistics Monthly, no. 141 (Taipei:
　　　　　Mainland Affairs Council, www.mac.gov.tw, 2004), p.62; Mainland Affairs Council,
　　　　　Cross-Strait Economic Statistics Monthly, no.216 (Taipei: Mainland Affairs Council,
　　　　　www.mac.gov.tw, 2011), p.28.
備註：a. 包括該年度登記前幾年的部分項目。
　　　b. 僅從1月到11月。

　　表4.8細分出台灣從1991年到2008年在工業部分的總累計投資量，很明顯電子業是最爲重要的領域。事實上三個最大的投資類別分別是，電子零組件（16.4%），電腦、電子及光學產品（15.7%），及電子設備製造（9.4%），導致台商投資電子行業高達41%。另外有13%是在機械和金屬製造業上，9%則分布在化學品和塑料上。儘管台灣企業家第一波移動到大陸是以小規模的輕工業爲主，但到二十一世紀初期時在中國的台商開始走向先進且精良的生產路線，因此，中國因爲這些台灣公司的到來後，爲領導中國工業做出了重要的貢獻，而使中國的經濟得以獲得改良。事實上，中國並未企圖在台灣發揮眞正的影響力，甚至對親近民進黨的商人都有相當的限制及針對（Kastner, 2009）。

表4.8　1991－2008年台灣被批准在中國投資的產業（百分比）

電子零件製造業	16.4
電腦、電子及光學產品製造業	15.7
電子設備製造業	9.4
金屬製品製造業	6.1
塑料製品製造業	5.1
化學原料製造業	4.3
機械和設備製造業	4.2
非金屬礦物製品製造	4.2
批發和零售貿易業	3.4
基本金屬製造業	2.8
食品製造業	2.6
紡織廠	2.5
其他	23.3

資料來源：Mainland Affairs Council, Cross-Strait Economic Statistics Monthly, no.205 (Taipei: Mainland Affairs Council, www.mac.gov.tw, 2010), p.30.

　　表4.9中可以發現海峽兩岸間的社會交流趨勢與經濟往來有所不同，在1990年代，台灣和中國間的社會和經濟交流劇增。1990年到1999年間，到中國造訪的台灣人民數量增長了約2.5倍（90萬到250萬）；通電話的數量也在1993年到1999年間就成長了約3.5倍（4800萬到1億7800萬）；雖然信件上的往來於1994年以1900萬的數量攀上頂峰，但因為電話通訊的廣泛使用使其數量持續下降。相比之下，在未來的十年，社會交流的擴張明顯落後於經濟的動態增長，且在2010年的貿易和投資上並沒有感覺到有顯著的回升。造訪的人數穩定成長至2007年的460萬，2008和2009年略微下降至440萬和450萬，然後於2010年的前十一個月再次回升至480萬。書信上的往來在前十年間有明顯的增長，但2005年剛超過1600萬後，2009和2010年（不包含10月份）就分別下降至900萬和730萬。電話通訊的部分也有點類似以上的模式，前五年間有顯著的增長，從1999年的1億7800萬到2006年的7億900萬，之後便不再有劇烈的上升，反而在2009年下降至5億9100萬和2010年1月到11月間的5億5800萬。不同於經濟上的交流，經濟大衰退並沒有對社會交流產生重大的影響，去中國造訪的人數僅有少量的下滑，且原本大幅下降的書信和電話通訊的數量也在經濟大衰退前轉為成長。在中國固定成長的台灣社群，有可能會受到社會交流下滑但同時經濟交流又持續強勁擴張的影響，因而使在中國的台灣人少了一點需要回去台灣的需求。此外，電子郵件的快速擴張也幾乎取代了信件和電話的使用交流。

　　從過去二十年中，必定可以預想出兩岸關係是會受到中國和台灣間主要的經濟和政治事件的影響。舉例來說，表4.10就顯示了，經濟問題不利於中國和台灣之間的交流，但也一如預料的一樣，這種影響的變化性很大。最大的影響發生在2008年到2010年經濟大衰退期間，台灣對中國的出口下降至16%，而2008年和2009年間被批准於中國的投資下降至34%（參照表4.4和表4.6）。1997到1998年的亞洲金融危機（又被稱為亞洲流感），導致新的投資項目及貿易有明顯的下降，但顯然並沒有對社會交流那一層次造成影響。台灣2001年的經濟衰退，主要是受到世界對高科技產品需求量減少的波及，暫且先不論遭受到多大的影響。就貿易和投資來說並沒有顯著的增長，反倒是呈現相當穩定的停滯，但在社會交流方面卻急速增長，受到經濟衰退的影響反而讓更多台灣商人移到中國並且善用起中國龐大的內需市場，不再僅將中國當作是出口平台（Bolt, 2001; Cooke, 2006）。

表4.9 海峽兩岸的社會交流（百萬）

	從台灣到中國的遊客	任一方的書信	任一方的電話
1988	0.4	—	—
1989	0.5	—	—
1990	0.9	—	—
1991	0.9	15.2	—
1992	1.3	16.8	—
1993	1.5	17.7	48.0
1994	1.4	19.1	61.2
1995	1.5	17.6	77.8
1996	1.7	18.0	96.5
1997	2.1	16.3	125.7
1998	2.2	14.7	149.2
1999	2.5	13.4	178.3
2000	3.1	14.0	206.7
2001	3.6	12.6	269.7
2002	3.7	16.3	383.2
2003	2.7	16.8	435.7
2004	3.7	16.2	517.6
2005	4.1	16.2	616.7
2006	4.4	12.5	709.2
2007	4.6	11.6	634.5
2008	4.4	10.2	606.6
2009	4.5	8.8	591.0
2010[a]	4.8	7.3	557.9

資料來源：Mainland Affairs Council, Cross-Strait Economic Statistics Monthly, no.141 (Taipei: Mainland Affairs Council, www.mac.gov.tw, 2004), pp. 36-38; Mainland Affairs Council, Cross-Strait Economic Statistics Monthly, no.216 (Taipei: Mainland Affairs Council, www.mac.gov.tw, 2011), pp.35-37.

備註："—"表示資料無法提供。

　　a.僅從1月到11月。

表4.10　兩岸交流影響大事記

事件	表面影響
經濟危機	
1997-1998亞洲流感	貿易和投資明顯下降；社會交流持續增加
2001年台灣經濟衰退，由於全球高科技產品的需求下降	貿易和投資保持不變；社會交流繼續攀升
2008-2010大衰退	貿易和投資發展銳減；社會交流繼續但開始有了下降趨勢
政治對抗	
1989天安門事件	貿易、投資和社會交流持續增長
1995-1996台海危機	雙方貿易和投資增長穩定，但並沒有真正下降；社會交流不斷成長
1999-2000李登輝提出特殊國與國關係以及陳水扁參選後的危機	貿易和投資因亞洲金融風暴下降的走勢開始再度攀升；社會交流持續增長
2002-2008年中國面對陳水扁呼籲台灣民族主義，對其敵視上升	兩岸經濟交流的活動力，有互動的部分呈現加速成長；社會交流於2005-2006年達到頂峰
政治和解	
2008年馬英九當選後與中國和解	因為經濟大衰退貿易和投資下降；社會交流繼續之前下降的趨勢

　　相反地在表4.10中顯示出，政治危機對於台灣和中國間的經濟及社會交往幾乎沒有明顯的影響。1989年的天安門事件，傷害了中國與多數外國投資者間的關係，但來自台灣的貿易、投資和社會交流反而在1989和1990年間持續快速增長，即使在1995年至1996年間的台海危機，台灣本身成為中國軍事威脅的目標，也幾乎沒有干擾到兩岸經濟和社會的交流。此外，早在二十一世紀開始時，北京和台北間週期性的政治衝突仍未進一步擴大，若有的話，也應該會在兩岸經濟流動和社會交流的再次增長中扮演抑制的角色。最後，台灣和中國之間的友好關係並沒有隨著2008年馬英九的勝利而刺激擴張兩岸經濟關係，反而還是受到經濟大衰退的影響。貿易和投資流動確實在2010年時翻轉到歷史最高點，然而，台灣出口到中國的份額依然維持在陳水扁時代結束的水平（參照表4.4和表4.6），這表示台灣的貿易關係並沒有發生根本的改變。因此，將兩

筆數據結合在一起，確實表明中國和台灣之間的經濟關係，主要是受到經濟因素影響多於政治因素，有鑑於一系列的激烈對抗，兩岸政治在過去十五年來備受關注（Chan, 2009）。

　　另一個備受關注的重要問題是，這些動態的過程對中華民國來說是代表著威脅還是機會？從純理論的層次來看，這似乎是某種開放性的問題，不像最後一節所討論的有關中小企業所面臨的明顯問題。近期台灣人民的觀點已參雜了與中華人民共和國有關的經濟關係，表4.11顯示出在二十一世紀的前十年，部分人民對於自己國家的經濟和中國綁在一起抱持著懷疑的態度，由國立政治大學選舉研究中心於2007年4月至2008年12月所實行的民意調查問及，對於兩岸經濟交流的限制是否應緊縮、鬆綁或者是保持不變（T. Y. Wang, 2009: 9）。在第一次進行調查的時候，陳水扁仍是總統且經濟大衰退還未爆發，有61%的民眾強烈希望嚴格限制對比於35%認為該採行鬆綁政策，這無疑表明了兩岸間的經濟關係是一種威脅多於機會。2008年底，馬英九於選舉中承諾擴大與大陸經濟的聯繫，同時經濟大衰退的爆發，台灣人更加支持緊縮與中國的經濟關係，而不是鬆綁，並以壓倒性的71%對比26%，這或許也反映在大規模民眾示威上，反對開啟與中國經濟關係的直接協議「大三通」（Gold, 2009）。台灣與中國彼此間緊密連結而使台灣的經濟受到侷限的印象，似乎因而普遍存在。

　　確實，台灣在兩岸經濟關係上有相當大的分歧，國民黨覺得擴大聯繫對維持台灣的經濟活力相當具有重要性，民進黨則認為此舉將會威脅國家主權和福祉（Chow, 2011; Gold, 2009, 2010）。在2009年和2010年時最核心的議題是，

表4.11　台灣人對海峽兩岸經濟變遷限制的觀點（百分比）

	2007年04月	2008年12月
緊縮	61	71
維持	4	3
放寬	35	26

資料來源：T. Y. Wang, "Cross-Strait Rapprochement, Domestic Politics, and the Future of the TRA," paper presented at the Conference on Thirty Years After the Taiwan Relations Act, University of South Carolina, Columbia, 2009, p.9.

馬政府試圖透過兩岸經濟合作架構協議（ECFA）與中國談判，托馬斯·戈爾德分析：「雖然台灣的商業團體和政治菁英主張推動ECFA，但在社會階層的部分，許多人抱持反對的態度，他們認為馬英九是在出賣台灣主權並將經濟轉移到大陸，就如同他們一開始所擔心的一樣，預料到將會大量湧入價格便宜（有可能受到污染）的中國產品和勞動力，造成島上經濟和社會的損害」（2010: 69）。

在2008年底和2009年上半，對於與中國經濟連結產生疑慮的人來說，2010年6月簽訂的ECFA自由貿易條款保持諸多懷疑是可預期的。儘管民進黨強烈反對，但它似乎普遍受到歡迎。由行政院大陸委員會進行的一項調查顯示（參照表4.12），例如，人們認為簽訂ECFA對台灣經濟的影響具有長期正面的效益，而非負面的，比例為66%比23%，將近三比一的比率。大部分的人民對整體ECFA協議的滿意度為67%，保護智慧財產權滿意度為81%，削減關稅滿意度為69%。對於害怕簽訂ECFA將會破壞台灣主權來說，人口數僅占34%；而71%相信簽訂ECFA會幫助台灣與其他國家協商自由貿易協定，並有助於國家的主權地位。因此整體來說，台灣人對於和中國經濟聯繫的觀點，並沒有出現固定的模式，相反地他們會透過務實的考量來轉變他們的答覆。舉例來說，令人驚訝的是支持ECFA可能會反映出台灣人民信心的增加，因為從2010年經濟

表4.12　2010年7月台灣人對於ECFA的觀點（百分比）

	負面	沒意見	正面
ECFA長期的影響	23	11	66
		不滿意	滿意
ECFA		33	67
保護智慧財產權		19	81
削減關稅		31	69
		否	是
ECFA威脅主權		66	34
ECFA促進了更多的自由貿易協定		29	71

資料來源：Mainland Affairs Council, "Survey of Public Views on the Fifth Chiang-Chen Talks" (Taipei: Mainland Affairs Council, www.mac.gov.tw, 2010).

大衰退中恢復的情況良好（M. Chang, 2011）以及兩岸大三通的開放，並沒有如民進黨所預期的產生可怕的後果。

就如同表4.13所顯示有關北京敵視台灣的看法，關於現今與中國互動的正面觀點，並不必然就意味著台灣人民是樂觀的狀態，更重要的應該是兩岸關係的未來。在陳水扁執政的末期，令人注意的是一系列與中國的對質，有三分之二的台灣人（67%）認為中華人民共和國對中華民國是充滿敵意，對比之下馬政府時期針對中國採行和緩的立場，讓海峽兩岸的緊張局勢立即趨緩（Cooper, 2011），這樣的結果有效降低中國的猜疑。例如，2008年8月台灣人意識到來自北京的敵意，比例下降約五分之一，從67%降至53%，但因為馬英九在2008年秋季的兩岸大三通協議上，遭到民進黨強烈的反對（Copper, 2011; Gold, 2009），且是針對北京當局而阻止，造成同年10月來自北京的敵視上升至65%，之後在2008年12月開始大三通後，又立即下滑至49%和2009年12月的40%，之後的一年，相信北京方面對台灣政府存有敵意的人又重回至52%，增加近三分之一。雖然台北和北京間沒有發生重要的衝突，然而台灣的民眾顯然因為中國軍事的擴張和持續致力於限制中華民國在國際上的發展空間，而越發的猜疑（Tien and Tung, 2011）。因此，對中國的誠惶誠恐，讓人越來越憂慮中國可能會妨礙到台灣的發展（參照第六章更詳細的討論）。

表4.13　馬英九政府時期，台灣人民對中國敵意的看法

	相信中國敵視中華民國政府的百分比
2007年12月	67
2008年08月	53
2008年10月	65
2008年12月	49
2009年12月	40
2010年12月	52

資料來源：Mainland Affairs Council, "Beijing's Hostility Toward ROC" (Taipei: Mainland Affairs Council, www.mac.gov.tw, 2011).

二十一世紀初的經濟挑戰

台灣的經濟奇蹟從1950年代持續到80年代，開始因為越來越多的不平等導致經濟成長趨緩而面臨挑戰，這挑戰無可避免地在很大的程度上是與中華民國其經濟導向由工業轉型為資訊時代經濟有關。然而台灣也面臨著過去經濟奇蹟成功下所衍伸而出的特定問題，舉例來說，經濟快速崛起使台灣的國際產品週期在工業發展中國家，以及美國、日本等經濟強勢國中處於不利的狀況。更具體一點來說，對於中小企業的依賴逐漸轉為劣勢，並且與中國經濟互動日漸頻繁的經濟一體化所帶來的短期利潤與效益，也為台灣經濟和政治前景造成隱憂。

然而，儘管面臨著這些種種的問題，台灣的經濟形勢卻也不是那麼令人堪慮。台灣創造的高科技經濟取得了在經濟體系上的領先，特別是在電子領域（J. Wong, 2010），這幾乎可以使台灣在與中國的經濟形勢關係上不趨於劣勢。此外，中華民國也在二十一世紀的前十年，這段被認為是可怕的經濟衰退期間，展現出驚人的韌性。舉例來說，最令人印象深刻的是2010年，在表4.2上所顯示的大幅成長，這促使1980年代末期以來成為台灣經濟前景光明的年代。特別是考慮到台灣過去的經濟活力，應給予國家一個相當的好機會去面對和克服過去經濟成功所衍伸出來的問題。

　　雖然有點遲，但在第三章所分析的台灣成功的民主變遷創造了表面上的政治奇蹟，伴隨在國家較早期的經濟奇蹟之後。1987年的解嚴、1991年第一屆立法委員被迫全面退休，以及1996年第一次總統直選爲中國民國帶來了完全的民主，緊接著2000年民進黨的陳水扁被選爲總統，顯示出在過去曾被威權統治的台灣，一切都是有可能發生的。然而民主，如同它是可欲的一樣，並無法解決台灣所有的政治問題，例如國民黨與民進黨之間相當平衡對等的政治權力發展，導致了逐漸增長的政治僵局、政黨兩極化，以及更聚焦於高度分裂的國家認同議題。爲了龐大的選舉資金所製造的需求，以及藉著將制定政策的更多面向政治化，民主化甚至可能使貪腐更加嚴重。

　　制度論認爲固定的經濟結構與政策制定安排，在相當程度上創造了形塑著未來決策與經濟表現的制度。這種觀點認爲，去尋求在台灣發展過程中逐漸形成的政治制度也許是有價值的，而這些政治制度可能抑制了這個國家1990年代中期後的適應性。這些制度之中有兩種較突出，首先，台灣政府曾長期被有力的威權領導者支配著，如蔣介石與其子蔣經國。當1980年代晚期出現的選舉式民主運動在1990年代進行更加順利時，常態互相忍讓的民主決策方式尚未被建立，事實上，過去留下來的制度遺產看起來是將這個國家推向一個失衡的政治。第二，複數選區單記不可讓渡投票制也造成了台灣民主政治一些較不令人嚮往的特徵。

　　圖5.1顯示了這兩種制度產物所導致的幾個不利結果的動態過程。如圖所示，威權的傳統模糊了政府職權的界線，也促進了非常個人化的政治。接著，這些因素爲台灣的政策制定帶來了一些有害的結果，例如永無止盡的衝突與僵局，增長迅速的貪腐，以及專門技術性的政策領域被政治化（如金融管制政

策）。在這個部分，單記不可讓渡投票制促成了個人化的以及裙帶政治，也促成了極端候選人的選舉，在高度情緒化的文化與認同議題上，極端候選人導致了菁英政治兩極化。

　　本章的第一個部分，將會透過圖5.1的動態過程討論制度糾葛的成因，並檢驗台灣強勢領導威權的實踐如何與中華民國的正式憲政設計相互違悖，如何混淆這個國家主要的政治制度之間的關係，以及如何製造那些仍在政府體制之中迴響著的問題。本章亦會探討「複數選區單記非讓渡投票制」（SNTV）的運作邏輯，來解釋其如何創造了那些造成適得其反政治行為的動機，並佐以經濟產業政治化的個案研究作為這些問題的範例，最後簡短討論台灣政府以這些民主危機的觀點來看具有怎樣的優、弱點。

台灣的制度糾葛

　　廣泛地假設一國的政治與經濟制度在相當程度上型塑了公共政策（March and Olsen, 1989; North, 1990; Riker, 1982），學者謝復生（John Fuh-Sheng Hsieh, 2006, 2009）根據總統制或內閣制之間的差異，以及根據單一選區制或比例代表制之間的差異來發展出一個有趣的台灣制度產物的理論模型，從這樣的觀點來看，複雜且有些模糊的憲政體制、帶有反常動機並維持已久的選舉制

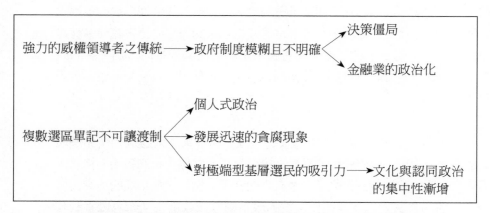

圖5.1 兩項政治制度產物如何被證實在台灣民主化過程中是失衡的

度，以及長期受威權統治等因素的結合，造就了台灣近來制度的複雜糾葛。事實上，謝復生斷言，台灣實際的憲政實行經驗與書面上的憲政安排是相反的（2006: 99）。

　　起初，中華民國在台灣的政府是根據1947年的憲法所建立的，而該部憲法是在中國於民國時期內戰時的憲政與制度早期的發展中所創建，這部憲法是根據國民黨創始者孫中山提出的五權分立概念，以及根據憲法對公民權利與自由的保障，為自由民主政體制建立了制度。因此，在國家層面上有五個基本的政府組織：行政院、立法院、司法院、監察院與考試院，非直選的總統在這五院之上，並且是這個國家的最高政治官員。言論自由與其他政治權利被憲法保障，普遍選舉權與秘密投票權也都被憲法明文授權（Ch'ien, 1950; Copper, 1979; Winckler, 1984）。

　　中華民國政府的關鍵是總統，最初是非直接民選而由國民代表大會選出，任期為六年。國民代表大會本身是被預設為主要的代表機構，除了選出總統、副總統以外，還身負通過與修正憲法的重任，國民代表大會的成員是由全中國每50萬人人口中選出一名代表，任期六年，另外部分席次是代表特殊團體、少數民族以及海外僑胞（Barnett, 1963; Ch'ien, 1950）。

　　中華民國總統雖掌握著重要的憲政權力，但這些權力也伴隨著一些重要的限制。總統指派行政院、司法院與考試院院長等職，此外，總統變成了少數幾個重要的決策機構的焦點，例如蔣介石在1967年成立的國家安全會議（National Security Council）。國家安全會議通常由政體內的幾個政府最高首長組成，並且在很多時候被視為超級內閣（super cabinet）。然而，從憲政上來看，總統並不是行政首長，行政首長是組成並主持內閣的行政院院長，至少在正式憲法中，行政院院長與其內閣是對立法院負責（Ch'ien, 1950; Gurtov, 1968; Hsieh, 2006）。

　　因此，中華民國憲法究竟是總統制或內閣制其實有些模糊不清，因為總統與行政院院長之間的分工不清楚，分工也視他們的權利地位而定。現實中，除了蔣介石去世後其副總統代理至任期結束的短期間以外，總統一直以來都是超群的,然而,總統與行政院院長間是無法完全相容並存的,例如1990年代初期,前總統李登輝及其在國民黨中的主流派系,與前行政院院長、國民黨內反主流派系領導人郝柏村即有極大差異,當時有一則關於台灣為什麼是世界上最民主的國家的笑話,內容是這樣的:「美國是全部聽總統的,人民靠右邊開車,英國則是全部聽首相的靠左邊開車,而台灣則是同時有總統與首相,所以靠哪邊開都行!」

立法院,台灣的國會,是相似於國民代表大會組織的人民直選機構,甚至在長期的威權年代中,它還是通過了預算和法律,並且監督著行政權(例如:行政院與立法院擁有否決權及凌駕權力,如同美國總統與國會行使的權力一樣)。在現實中,立法院算是相當疲弱的單位,1990年代以前在重要政策決議上常被形容為橡皮圖章(rubber stamp),但總統任命行政院院長時,立法院依然擁有同意權此一重要的正式權力(Ch'ien, 1950; Hsieh, 2006),而立法院有更多其他重要的任務要執行,像是修法、選民服務、地方發展計畫、以及在公開的質詢會期上監督行政部門(B.E. Chou, Clark, and Clark, 1990)。而政府的其他三個分支相對而言重要性就少了一些,但對於台灣政治依然具有重要的地位。司法院的成員由總統任命,負責釋憲,並且被認為是中國民國的最高級法院;監察院的成員一開始是由次國家政府(中國的各省)選出,負責監督其他的政府部門,擁有審計權,能行使司法院和考試院成員任命的同意權,且可糾舉並彈劾(在國民大會同意下)政府官員;最後為考試院,其成員亦由總統任命,負責監督公務人員考試制度,被視為政府的人事部門(Ch'ien, 1950)。

在中國建立初期,政府的結構是一個擁有三級的聯邦制,分別是「國家、省、縣」,中華民國政府自中國大陸撤退後,實質上在一個省留下(台灣),包含了幾乎所有被中華民國統治的領土,以及較靠近中國的一些受軍事管理的離島。省政府受總統任命的省長管轄,也有一個直接民選的省議會,省政府與省議會的關係與行政院與立法院之間的關係呈現平行,省議會中的立法政治過程與立法院相較下比較活潑,因為省議會是直選出來的,且它可以處理的議題並非都那麼重要(Lerman, 1978)。此外,台灣最大的兩個城市,台北市與高雄市,分別在1967年和1979年成為行政院管轄的特別自治行政區,結構上相當類似省政府（包含兩市的市長由民選改爲任命制）。

　　圖5.2可以看出基本的政府結構與這些不同部門之間的關係。實線箭頭表示爲正式的選擇權力，虛線則表示爲制衡關係，這張圖展現出自1950年到1980年間台灣威權政治的三個核心特色，第一個特色是理論上選民擁有實質的權力，但實際上卻被兩項重要的因素限制著：(1)非直接選舉或是由多數關鍵領導者與機構選出；(2)實際上立法院與國民大會的多數派都由1940年代晚期在中國選出的人持續擔任；第二個特色，大量的虛線具有曖昧的含意，一方面是能促進不同政府組織之間的制衡，另一方面是在這個結構具有制度鬆散的可能性，尤其是在總統、行政院院長與其內閣，與立法院之間的重要的關係組合；第三個特色是這個結構爲了強健的總統制存在著基本原則，儘管在總統是否甚至可被認爲是行政首長這件事上仍有歧異模糊不明之處。

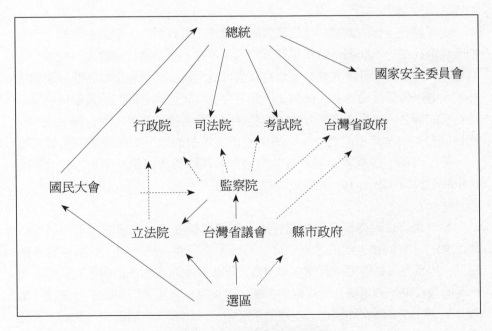

圖5.2　中華民國政府架構

備註：──▶ 表示供選擇的責任
　　　┄┄▶ 表示制衡的關係

　　任何國家的正規憲政結構當然會依循非正式的政治實踐進行重要的修正，這在很大程度上發生於威權時期的台灣。不只是第三章中提及以不同方式被推翻的憲政民主目的與制度，甚至連圖5.2所示的國家機構輪廓都完全地忽略國民黨核心的統治角色，國民黨的制度受到1920年蘇聯提倡者極大的影響，一旦國民黨掌權，就會建立一個具有列寧思想的黨國，結果進而變成，有關政策和人事的各項重要決定顯然不是由黨內最高組織做出就是由其批准，而非官方政府（例如，國民黨的中常委必須同意行政院院長的內閣人選）。行政院也比較像是國民黨的政策執行者而非發想者，國民黨也透過中國青年救國團以及農會等組織來延伸與社會的連結，台灣政治中強勢的總統領導在很大的程度上是以統治黨的控制為基礎，如蔣介石父子除了是擁有高權力的總統外，也是國民黨主席，統轄橫跨黨政雙方（Bedeski, 1981; Clough, 1978; Copper, 1979; Tai, 1970），而這樣的情況即便到了民主時期依舊存在，李登輝在1988至2000年間的總統任期亦擔任國民黨主席，陳水扁與馬英九亦同。

　　儘管擁有這樣的黨國結構以及對於挑戰國民黨政權的人們強力壓制，台灣的國民黨在某一方面還是脫離了經典的列寧策略，意即國民黨政權不摧毀一切早就存在的政治和社會團體，而是嘗試盡可能地吸收和操縱這些團體。這導致外省人國家菁英挑撥本省人派系使彼此不合，再以他們之間的仲裁者角色來維持自己的權力。這也使得地方政府與農會選舉常常極度競爭，對台灣未來的政治發展帶來一些矛盾的意味。一方面是民主擴張的重要的基礎或開端被建立了，另一方面，這些本土團體會強烈聚焦於往往與貪腐劃上等號的政治資助（Bosco, 1994; Clark, 1989; Tien, 1989）。

　　接下來將焦點轉移至稍微罕見的台灣選舉制度，是由前殖民母國日本移植進來的，有兩種主要的選舉制度，得最多票即勝選的「單一選區相對多數制」，以及在複數選區中政黨依得票數比例來分配席次的「比例代表制」，而台灣的選舉系統則是綜合上述兩個系統，改稱為「複數選區單記不可讓渡投票制」，爭取立委席次的候選人在複數選區中是以比例代表制運作，然而，一位選民只能投一票給特定候選人（非政黨），該票不能因為特定候選人未當選而轉移到第二順位或第三順位之候選人身上，而當選之候選人是依據得票率的高低排名，候選人選出的席次多寡是根據該選區的大小而定，例如一選區有八個席次，即根據該選區中得票率前八位候選人即當選，總地來說，越大的選區，小黨當選的機率越高（Hsieh, 2009）。

　　複數選區單記不可讓渡投票制對於政黨體系產生了曖昧不明的含意，因為小黨候選人競選較困難，該投票制通常被認為會促成相互競爭的兩黨制。根據第三章的表3.3顯示，這促進了公民課責政府的能力，但也使得某些特定選民的代表性更加艱難，因為囊括型的大黨必定維持較廣泛的吸引力，無法顧及少部分人的觀感，相反地，比例代表制則是促進多黨競爭，卻損害了可課責性。單記不可讓渡投票制促進了區域立法委員的代表性，卻損害了政黨代表性，因為同黨候選人一定會跟彼此互相競爭，也必須跟其他政黨的代表競爭，這樣的情況也削弱了政黨的凝聚力與責任能力。如同學者謝復生恰當的敘述：「因為被國民黨與民進黨瓜分的選票，在正常的環境下，是相對被操縱的，所以可以預期來自同一政黨內的候選人為了同一選區的選民會先跟彼此相互競爭，事實上，黨內的競爭常常比兩黨之間的競爭還要激烈，當選民進行抉擇時，通常會先決定投給哪一黨，再決定投給該黨中最喜愛的候選人，因為這些候選人的政見可能都很相似，選民需要依賴其他線索來做出抉擇，包含個人與候選人之間的連結、候選人為選民所爭取的建設經費或福利，甚或買票等，選舉因而變得更加個人化。此外，因為每個政黨不外乎都希望自己的候選人們皆獲勝，且常常需要對黨內的候選人們展現出公平支持的態度，所以這些候選人們可能必須轉而尋求其他資源的支持來對抗自家人，無論是派系、大企業或是幫派，都會涉入這樣的過程中，貪汙行為就會趁虛而入。此外，因為有些選區的候選人只需小額度的投票率即能當選，候選人就會採取極端的立場來取得特定選民團體的支持，在這樣的型態下，『白熱化』已經成為台灣政治生活常態的特色」（2009: 12）。

　　於是，台灣的憲政與選舉制度之間看起來有條平行線，台灣的憲政制度在一個被一黨威權統治的較無條理的系統中結合了內閣制與總統制的要素，而台灣的選舉制度既不是單一選區相對多數制，也不是比例代表制，並且似乎削弱了兩者其中之一所提供能夠建立特別政黨體系類型的動機。如同預期的那樣，民主化惡化了這些問題，在各種競爭的政治力量放任地追求衝突的利益與目標時，憲政制度的鬆散與曖昧不明會變得更加明顯，並且選舉逐漸增加的重要性也強調了複數選區單記不可讓渡投票制的失衡。

　　為了回應這些問題，自進入民主時代的二十年之間，台灣進行了數次的憲法修正案，但這些改革的效果還尚未能克服目前制度的複雜糾葛，Shelly Rigger在2007年延續了2002年學者林繼文的研究，發展出了一套關於過去二十年間台灣憲政制度四回合轉變的模型，上述兩位學者基於完全不同的動機去觀察台灣憲政的改革，其一是對於現存憲法的意識型態觀點，另一個則是涉及對實用權力的考量。在意識形態上，民進黨挑戰了舊憲法之合法性，該部舊憲法普遍受到傳統國民黨支持，而在1990年代期間，前總統李登輝與國民黨主流派系在既有的憲法框架下試圖鞏固台灣的主權，因此對於舊憲法採取中立態度。在世紀交接後，根據Rigger的論點，因為對於國家政治制度操作失衡的不滿逐漸增加，浮現了一場憲法改革的新辯護。

　　圖5.3摘述了這四回合的憲政轉變，第一回合中包括了1991年、1992年、1994年與1997年的憲法修正案，Rigger（2007）將這些視為是民主化的促進以及在台灣基本的政治制度之間力量的平衡。前三次的修憲實質建立了民主制度，因為該三次修憲開放了立法院、國民代表大會、省長、台北與高雄市長以及總統直選，意識形態上，這些改革符合了民進黨對於舊憲法的改革期望，並且獲得了普羅大眾壓倒性的支持。1997年的憲法修正案與先前修正案相較，主要專注在政府部門之間的關係，因為取消了立法院對於行政院院長的同意權以及省政府的規模劇烈縮減，總統的權力因而增強，根據Rigger的論點，這意味著前總統李登輝想繼續擴大總統權力的野心，以及民進黨欲將憲法中與中國的連結移除之意識型態目標之間的交易平衡（請參考Yeh, 2002）。

　　第一回合的憲法改革是以民進黨意識型態偏好與國民黨主流的權力考量兩者之間的重疊部分為根據，重疊部分滿足了主流的國民黨，但重疊以外的部分民進黨仍然提倡主要的憲政轉變，因此即使不無可能，但要讓更多改革產生足夠的支持仍然很困難（Rigger, 2007）。第二回合主要是針對國民代表大會存廢問題而有所爭議，因為該部門已經失去選出總統的主要功能，1999年國民代表大會通過修正案以延長成員的任期，如此引起全國譁然，隨後大法官會議也認其違憲。反對國民代表大會自我膨脹的聲浪迅速蔓延，導致2000年再通過一

第一回合（1991-1997）

目標：促進民主化並使政治制度之間的權力重新平衡

1. 立法委員、國民大會、省議會、直轄市市長與總統直選；

2. 總統權力增加（例如立法院失去同意行政院院長的權力）；

3. 省政府逐漸淘汰。

第二回合（1999-2000）

定義國民大會的角色

1. 最初嘗試延長任期導致大衆反彈；

2. 但最終，權力被大幅調降。

第三回合（2001-2005）

使政府更有效率

1. 立法院縮小規模；

2. 新的選舉制度強化主要政黨；

3. 國民大會被廢除；

4. 少了廣泛的支持基礎使得修憲更加困難。

第四回合（2005-2007）

衝突的觀點：促進政府效能與創立新憲法（創立國家）

1. 民進黨對新憲法的推動因沒有人提案而終結，而國民黨對重大憲政改革並不感興趣。

圖5.3　　在民主台灣憲政改革中的主要回合

資料來源： S. Rigger, "The Politics of Constitutional Reform in Taiwan," paper presented at the Conference on Taiwan's Democracy and Future: Economic and Political Challenges, Georgia State University, Atlanta, 2007.

次修正案使得國民代表大會實質上地縮減規模，這符合了民進黨長久以來意識型態的反對立場，而國民黨主流派也支持該次改革，因爲他們想避免讓當時的國民黨背叛者宋楚瑜在即將到來的國大選舉中得利。

　　陳水扁在2000年贏得總統大選後，隨即遭到國民黨所掌控的立法院的嚴厲對抗（見第六章），大衆與民進黨同樣都認爲在野黨的立法委員過度阻撓議事過程，而且折磨著台灣的極化的政治僵局是大眾首要其衝責備之標的。此外，複數選區單記不可讓渡投票制普遍被認為是促使公眾事務的政治兩極化以及貪腐的主因，於是前總統陳水扁在第一任期時，推動了新一波的憲政改革，著重將混亂的政府改造的更好且更有效率，即便國民黨對於第三回合修憲並不熱衷，卻也無法抵擋大眾壓倒性的改革聲浪，因此2005年通過了新的修憲案，立法院席次減半，並且大多席次以單一選區相對多數制為主，部分席次以主要政黨的比例代表制為輔，結合兩者來取代複數選區單記不可讓渡投票制，並且廢除了國民代表大會，此外少了廣泛深厚的支持基礎，使得更進一步的修憲越加困難（謝復生，2009; Rigger, 2007）。

著重在使台灣政府運作更加順暢的第三回合修憲產生了實際的憲政變遷，前總統陳水扁與其幕僚雖然為符民進黨創立新憲法的意識型態目標，對於更激烈的憲政改革擁有野心，因此民進黨繼續進行一項修憲活動，結合前總統陳水扁創立第二共和憲法的定期提案，此提案的動機是為使得政府結構更有效率。然而這第四回合的修憲在2007年中期被捨棄，因2008年總統大選嘗試將以台灣作為國名並返回聯合國的議題合併在總統大選中一起表決，故民進黨轉而專注在推動公投上，而當時國民黨也對主要的憲政改革興致缺缺（Rigger, 2007）。

儘管不是一個必要的憲政議題，但對於如何使政治系統運作更好之問題，與台灣政治可能使用公投的模式有一些關聯。在1990年代初期，民進黨一開始提倡藉由公投來宣布台灣獨立，因此，通過公民投票法立法以及舉行公投等想法強烈吸引著民進黨的基本盤。當然，公投的議題可以包羅萬象，卻無法處理台灣獨立以及本島的狀態與主權問題（比如一個城鎮可以舉行公投決定是否要興建公路交流道）。的確，當陳水扁自2003年開始推動公投，並且將目標放在2004年的總統選舉能夠同時舉行公投之時，陳水扁非常謹慎地選擇不會直接改變台灣的狀態或直接宣布台獨的公投議題，藉以測試水溫（例如台灣是否應該參加世界衛生組織（WHO）此一議題，吸引了對於中國否定台灣的國際地位且可參與國際事務而相當洩氣與憤怒的絕大多數公民），如Rigger所論，就即將來臨的選舉而言，公投似乎是有政治動機的：「如同WHO此一象徵性議題的公投，能夠藉由動員黨的基本盤來幫助民進黨，甚至激起愛國情緒，進而引出超越民進黨傳統支持者的票數，並且將公投與總統大選一起舉行，期待公投的外溢效應能夠對於總統大選有所助益」（2004: 186）。

　　陳水扁對於建立公投法的提倡產生了兩種相當不同且有區別的吸引力，這樣的提倡理所當然地吸引泛綠陣營當中的台獨支持者，同時，原本認為台獨太過激進且挑釁的一般民眾，也廣泛支持公投法的提倡，因為公投除了被視為是克服台灣政治持續僵局的手段，也被認為其透過允許人民直接決定政策之手段來加深台灣的民主（Mattlin, 2004; Rigger, 2004）。結果，2003年到2004年之間公投議題的政治過程變得相當錯綜複雜，主要因為在法律制定時涉及了三方之間的競爭，該三方為陳水扁、想利用公投來達成台獨的更激進份子，以及由國民黨主導，原本反對通過公投法，後來卻因為人民變得明顯強烈支持，所以轉而支持公投法的立法院多數，最後定案的公投法設立了一個高門檻，要達到50%以上的投票率才算成功，因此大大降低公投成功的可能性，例如陳水扁本來可以在2004與2008總統大選的同時舉辦公投，卻遭到由國民黨組織的聯合抵制而以失敗告終（Clark, 2006: Gold, 2009）。

　　總地來說，1947年的憲法建立了一個制度鬆散又不靈活的政府，並且受到國民黨威權統治的支配，該憲政制度的缺點隨著民主時期的進步變得越來越明顯，促使了1991年到2005年間一連串的憲法改革以補救這些問題，這些改革就某些方面而言是相當成功的，建立了民主政體的制度基礎，數個功能曖昧的政治機構被撤除（如省政府和國民代表大會），以及更近期地，修改了複數選區單記不可讓渡投票制的規定，然而，台灣持續的政治僵局和兩極化證明了這個國家制度的糾葛尚未美滿解決。

　　台灣的制度缺陷常被歸咎於，那些想要政府更有效能的人以及提倡新憲政秩序的人所提出的憲政改革幅度太大、太過零碎、過於臨時以及極具投機心態（Rigger, 2007; Yeh, 2002）。此外學者謝復生也更廣泛且更具理論性地評斷中華民國的政治體系，他認為憲政體制可被排列成一個連續體，從對總統制的制衡能促進保護人權的自由目的，到內閣制一致的決策能幫助促進有效的政策決定；選舉制度也一樣，比例代表制促進了個人代表性的平民價值，單一選區相對多數制則促進了主要政黨的有效決策。他也利用這些差異來分類出四種不同的民主類型，雖然台灣在實務運作上是以總統制爲主（儘管憲政設計相當地內閣制），並且非常的民粹主義，至少在過去的複數選區單記不可讓渡投票制是這樣。根據謝復生的理論，這樣的制度創造了一種超民主類型，這種類型是最不可欲的型態，因爲它具有政治僵化以及意識型態極化的傾向，但這正是台灣現今所面臨到的問題。

金融業的政治化

　　金融業的日益政治化代表了台灣快速工業化和民主化的成功成本，在1940年代後期，中國內戰國民黨失敗所帶來的財務混亂和崩潰，導致國民黨遷台後緊緊控制著工業，並委以相當保守的財政實務做法。幾十年來，在正式財政體制主要以大規模的投資（公共和私營）來提供資金之下，該系統的運作還算不錯，而場外市場對小型企業來說證實是足夠的（Clark, 1997; K. J. Fields, 1995）。然而，台灣的金融機構變得更加開放，以及1990年代的民主化帶來了越來越多的政治壓力，對體制來說是有影響的，且並非全然是正向影響（Tan, 2008）。

　　金融業在經濟成長與發展的重要性被2008年開始的全球經濟危機強烈地突顯出來，作爲一個服務業，金融業扮演著推動其他經濟部門的角色，透過提供信貸、銀行和金融機構作爲工業齒輪的潤滑油。在台灣五十年的經濟發展，進化爲工業化經濟體的地位，而金融機構的角色不能被誇大。國民黨統治中國時曾被金融危機與經濟崩壞困擾著，因此國民黨建立了金融體系以確保這種情況不會發生在台灣，也確保不會損害其對國家的控制。

　　學者、歷史學家和政治菁英都指出，國民黨政府管理經濟以及控制極度通貨膨脹的失敗是他們失去政權並流亡到台灣的主要元凶，1940年代晚期的通貨膨脹（1946到1948年期間通膨約以500%的速度遞增，並在1949年前半年達到驚人的三十倍）代表著國民黨政權在執行任何使經濟成長的政策前必須先解決這個棘手的挑戰，因此，政府在1940年代末和1950年代初實行了迫切的穩定化方案。此方案包括貨幣改革和高利率，以及以控制貨幣供應量與信貸可得量爲目的，對國家支配的金融體系採取緊縮的政府控制，此外，台灣採用維持平衡預算的保守財政政策。事實證明這些穩定化政策是非常成功的，通貨膨脹率從1949年初的3000%下降至1950年300%，在1951至1952年下降至30%，並在1950年代剩下期間皆穩定地低於10%（S. W. Y. Kuo, 1983; K. T. Li. 1988; Lundberg, 1979; Scitovsky, 1986）。

台灣的領導人從這樣的狀況所汲取的教訓是政府應該強烈地影響金融業，使其提供政體一個全面的經濟發展計畫。政府的渴望與現實中財金資本稀少以及政府是唯一能夠提供信貸的組織之情況正好一致，因此，台灣的金融業與銀行業被政府所有的、政府所控制的或政黨所有的銀行支配著，銀行與金融業由財政部及中央銀行監督。作爲在台灣金融方面的關鍵參與者，財政部和中央銀行利用一隻看不見的管制的手嚴密確保金融產業能提供優先權給政府（Chiu, 1992; S. W. Y. Kuo, 1983; K. T. Li, 1988; Tan, 2001）。例如，直到上世紀90年代，國家在正規的金融部門中掌控了80%的資源，像是直接被國家擁有或是由國民黨控制了主要的金融機構：中央銀行、幾乎所有的商業銀行、郵政儲蓄系統以及由國民黨支配的農會及漁會（Chiu, 1992; Clark, 1997; Wade, 1985）。

通貨膨脹和金融管理不善還會造成另一個令政府當局憂心的結果，那就是一個聚焦於如國有事業和大型企業等安全選項的保守放貸策略（Chiu, 1992; K. J. Fields, 1995; Wade, 1985）。雖然這在財政上也許是說得通的，但這種策略似乎卻與戰後大多時候促進國家快速成長的核心角色中小企業不太一致，中小企業正規資金的缺乏比所謂涵蓋了普遍非正式借貸約定的場外交易市場發展所能彌補的還要多，雖然這種信用交易發生在正規金融體系之外，但他們至少能被認爲是半合法的，因爲政府容忍他們，甚至通過一些法律來鼓勵場外市場的交易。

場外市場上的貸款採取了多種形式，多數形式反映出1970年代及1980年代高水準的家庭儲蓄使家庭理財變得可能（見第二章表2.4與表2.6），而其他形式是在親友與較親近的商會之間標會，同一時期，還有相當活躍的地下錢莊和伴隨著組織犯罪的高利貸。場外市場交易與正規金融體系中的交易不一樣，有兩種主要的方式，首先，他們更加不正規，並且免除掉常見的擔保需求、財務資料揭露以及貸方官僚般的刁難。例如，最常見的場外市場融資方式之一爲相當安全的遠期支票，因爲遠期支票直到1980年代晚期以前都受到刑事制裁約束，而且如果開票未支付會破壞商人的聲譽；第二，由於這些優點，使得場外市場的利率都非常高（Chiu, 1992; K. J. Fields, 1995; Wade, 1985）。總體而言，場外市場對於台灣的商務變得出奇重要，例如在1985年，場外市場提供了公司行號財務資源的15.6%，這並不會比正規金融機構所提供的19.7%還要低太多（Chiu, 1992: 180-181）。

因此台灣傳統的金融體系似乎是自相矛盾的，一方面該體系最重要的部分較死板，由政府主導，以及明顯對於較有活力的中小企業有著差別待遇；另一方面非正式的實務做法如場外市場，則幫助提升儲蓄、投資與經濟活動力，事實上有人認爲這個金融體系是從對抗面的不正當手段製造出繁榮的結果，從變得太過強大的體系中阻止了不正常的動機（Clark, 1997）。此外，上世紀90年代金融改革的缺乏是因爲台灣在國際金融體系保持孤立狀態，所以能相對上毫髮無傷地從1997年至1998年的亞洲金融危機逃離（Tan, 2001），然而隨著時間的推移，要求將台灣金融制度自由化與開放的壓力增加了，在國內的壓力來自公司行號想要有更多的管道和權利，國際上的壓力來自想要在亞洲全球化中更積極地參與的工業化國家（Chiu, 1992; Clark, 1997; Lundberg, 1979; Tan, 2008; Y. L. Wu, 1985）。

金融體系似乎被政權認爲是一個能限制商業界權力以及能讓政府與商業界保持距離與冷淡關係的明確戰略（Y. H. Chu, 1989），國家掌控了正規的金融層面，提供資金給規模較大的企業，而中小企業必須依賴能做什麼就做什麼的財務方式，且其規模太小無法行使多大的政治權力，因此，國民黨政府能夠抑制關鍵產業中利益較集中團體的崛起，同時爲中小企業的發展提供有助益的環境，以培養普遍的社會支持基礎。事實上，如果將台灣的利益團體描述爲「很弱但利益集中的團體，亦或者是以績效爲基礎，利益卻發散的團體」是很恰當的（Tan, 2001: 171）。這些團體利益發散的本質反而庇護了經濟技術官僚免受尋租壓力，進而爲其建立了一個相對自主決策的環境（Tan, 2008）。

80年代以前，金融業開始擴張以迎合資金充裕的企業和高資產淨值的個人，隨著民主化的開始以及李登輝當選台灣第一任總統，政府開始藉著同意私人商業銀行的成立來啓動金融業自由化計畫，1991年，台灣將私人商業銀行納入考量，開放了銀行業，許多台灣的主要企業集團決定投資私人銀行成爲這些剛起步的公司的企業主或股東，因而讓台灣銀行數量增加，創造了一個客戶與企業競爭激烈的環境。

因此1997年亞洲金融危機之前，政府採取了若干重要的步驟讓銀行和金融業更加自由化，某些計畫包括國有銀行與金融機構民營化，增加外國人在台灣投資市場的參與、使期貨交易自由化，以及增加外商銀行的數量及經營範圍。然而在金融危機期間與其後，政府提高對金融業的監督與管制的同時，也決定讓這些計畫退回原點，尤其是中央銀行，央行高層官員認爲，因亞洲金融危機而生的刺激已經加速了鄰近國家銀行和金融部門的自由化，由於中小企業和出口商已經成爲台灣經濟的支柱，所以經濟技術官僚制定了多種方案，讓台灣經濟從本次金融危機中絕緣，特別是，政府制定了各項企業援助方案，如出口保險和出口貸款和對出口商的擔保，以緩解台灣企業曾經歷過的政治和經濟上的風險。在亞洲金融危機達到頂點期間，台灣這種發展型國家的自主性允許經濟技術官僚立即對市場進行干預，防止危機蔓延至台灣。總之，中華民國是以國家自主性以及從自由開放退回一步來回應亞洲金融危機（Tan, 2001）。

金融部門所採取的許多措施，加強了對產業的監督和終止了已計畫或正在進行的自由開放，總地來說這些措施能夠將台灣從危機中隔絕，以台灣經濟技術官僚回應金融危機的能力而言，很多制度安排的處理優先於台灣民主鞏固，如同Tan所認爲的一樣：

> 台灣的經濟政策制定者利用策略性的資本市場干預來有效回應的能力，包含增加資本外流的障礙，都反映出政體與經濟技術官僚的自主性。在民主化過程中持續的自主性是以工業結構分散的性質、集中式利益團體政治上的弱點，並結合從穩健績效的分散式利益團體而來廣泛的政治支持爲基礎，這適合一個讓台灣技術官僚自由執行政策以保護他們成功的經濟模型的政治及制度環境（2001: 175）。

但是這一政策只有在相對優勢一黨制政體，也就是台灣還是個發展型威權國家之時才能夠持續實行，當台灣的政治系統持續民主化時，發展型國家以及經濟技術官僚的角色開始轉變，金融體系開放自由的壓力提升。1998年7月政府通過了一項新的法律—信託業法，以達成銀行和信託業多元化之目的，這項新法案的受益者部分是在那些大型企業集團內或其成員的私人商業銀行，因此，近三分之一的台灣百大企業集團都有自己金融機構的持股，這些機構包含保險公司、股票經紀公司、票券金融公司、信託公司和商業銀行（China Credit Information Service, 2002）。

隨著2000年5月行政權轉移至反對黨民進黨，台灣持續在民主鞏固與制度改革的路線上，民進黨上任最立即的影響是行政與立法僵局的出現，因佔多數的國民黨控制了立法院，他們對於與民進黨政府合作並不感興趣，其所導致分裂政府的存在，為利益集團創造了能夠參與並影響金融經濟決策結果的機會，這種情況因為民進黨長期以來是反對黨，與島內企業界並無強烈連結而更加明顯。有了最初反商業政黨的形象，民進黨必須適應著去培養企業界的支持，藉著如此，在執政黨和政府結構的變化導致否決點數量的增加，這能夠幫助或阻止政策的通過或實施。

在2000年民進黨政府下，朝向更大民主的轉移與世界經濟的總體弱化同時發生，且台灣經濟尤其弱化，這樣的經濟衰退和可用資源隨之減少，損害了政府回應被授權的公民和利益集團的需求的能力，一個明顯的例子，在前總統剛上任一年時，就運用了從郵政儲蓄銀行與勞工保險中的儲備基金，來建立股市穩定基金以回應台灣股市的急速衰退。使用股票穩定基金以支撐股價，但也同時製造了把公共財拿來用在個人投資客身上的道德風險問題，同時，這種基金的使用，未能將投資社群引進至適當的風險文化。

如同股市崩盤的直接後果，台灣的銀行經歷了不良貸款的穩定增長，在銀行業私有化的開端，台灣國內銀行單位不良貸款率是0.97%，到2001年12月底，國內銀行單位搭載了7.58%的不良貸款率，而草根性金融機構（如農民協會或漁民信用社）則是約18.50%的不良貸款率。此外，銀行激增至53間國內銀行、178間證券行、30間保險公司和360家信用公司同時為2200萬人口服務，使台灣從缺乏銀行服務者變成銀行過多的經濟體（Tan, 2008）。

　　如表5.1，日益嚴重的經濟危機激化了一系列在2000年11月和2001年7月間金融方面的五大法規。2000年11月，政府通過了更多的銀行法修正案，藉著試圖增加金融業的競爭來進一步開放金融業，在不到一個月的時間，立法院通過了另一項法律—金融機構合併法，這次是為了促進合併與收購，以及在1月通過了資產管理公司法，企圖清除不良貸款和資產。到了這些法案通過被簽署成為法律的時候，台灣的金融自由化已經開始表現出嚴重的問題徵象，2000年10月，亞洲商務Alan Wheatley（2000）一書中提及台灣銀行災難像一顆定時炸彈，銀行業占不良貸款的比例相當大，以及銀行過多，不良貸款在商業銀行還是草根性金融機構所增加的比例，威脅至可能損害台灣的經濟成長，以至於經濟學人稱之為一個小型的金融危機（"Heavily Indebted Taiwan", 2000）。

　　為試圖避免一場全面性的金融危機並對付銀行過多的問題，政府通過了行政院金融重建基金設置及管理條例以制止管理不善的金融公司營運，接著於2001年7月頒布了金融控股公司法，這兩部法律的作用是促進銀行與金融業合併，有趣的是，跟1990年一開始想增加競爭與效率的意圖相反，在大企業集團內部的銀行已經開始主導台灣的金融業，金融控股公司法導致台灣銀行業的快速合併，以及導致原本由政府控制的金融機構民營化，分析專家認為鞏固銀行業需要解決銀行過多的問題（Cavey, 2002），事實上，政府通過金融控股公司法的基本理由是對付銀行過多問題並允許該產業合併及多樣化，以幫助提升銀

表5.1　在世紀之交所通過的主要金融法規

法律	日期	目標
信託法	1998年07月	使銀行和信託業多元化。
銀行法修訂	2000年11月	推動金融自由化。
金融機構合併法	2000年12月	促進銀行合併。
資產管理公司法	2001年01月	清理不良貸款和資產。
金融重建基金法	2001年07月	終止經營不善的金融公司的營運。
金融控股公司法	2001年07月	允許多重範圍的金融運作並使增加規模和競爭力。

行淨利率。在2003年，政府成立了一個新的行政院轄委員會以監督金融業，並解決金融相關機構重疊的問題，金融監督管理委員會成立了，並且實質地剝奪了財政部、財政部金融局、保險部門以及證券暨期貨管理委員會的管制與監督功能。金融監督管理委員會是由總統任命的委員領導，依據在立法院的政黨分配成員名額，總體而言，委員會的成立看似代表政黨政治滲透到台灣的官僚自主性之中（Tan, 2008）。

不幸的是，這項措施迅速導致金融方面的政策相當政治化，如學者Tan認為：

> 直到引入在1996年的總統直選達到高潮的政治自由化，以及國民黨相對地弱化為止，台灣經濟的決策是擁有極大社會自主性的經濟技術官僚的權限。政治民主化過程也迫使經濟的決策過程民主化，經濟決策層面的開放授權了利益集團和其他相關的社會行動者，因此，行動者數量的增加導致政府的政策抉擇組合減少（2008: 161）。

就金融業而言，金融改革是從金融控股公司法引起大型金融控股公司合併收購的數量增加開始，有趣的是大部分的金融企業併購多以民營金融控股公司收購更大的公共金融控股公司或銀行為特色，例如，富邦金融控股公司收購了當時由台北市政府持有大量股份的公營台北銀行。2006年，中國信託集團對於收購兆豐金融控股公司重要的股份15.5%展現高度企圖心，引發媒體與旁觀者的驚訝，兆豐金融控股公司是透過兩家大型公營商業銀行（交通銀行和中國國際商業銀行）合併而成立，這兩家成功且獲利的銀行歷史悠久，當二者合併為兆豐金控而成為台灣第二大金融控股公司，在金融市場上立刻成為一個有具競爭力且難以對付的存在。

媒體與公眾的注意力會跟隨著中國信託金控公司併購兆豐金控公司的股份是因為，中國信託金控公司規模較小且獲利較少（當時台灣的第四大金融控股公司），卻併購了規模較大且獲利較多的兆豐金控主要的股份。相較於較具競爭力且獲利更多的銀行併購較小的金融公司，台灣的金融改革已經導致小魚吃大魚的矛盾情形。這些收購的一個共同點是，它們都涉及到一個較小的民間金融控股收購更大的公營控股公司，自從2008年5月馬英九政府正式就職後，開始對前總統陳水扁及其家庭和同事的貪腐與洗錢行爲進行調查，已發現許多有關金融改革的不當行爲，尤其是金融業界的併購案（Gold, 2009）。

因此，隨著政治制度有效庇護技術官僚，允許相對自主的決策不被改革與加強，還反而變得更具滲透性，使得影響力強大的利益團體能夠影響甚至控制決策，台灣這個發展型國家之有關金融方面的實力已經隨其弱化，結合強有力的領導者和個人政治，因此多重進入點以及政府制度的模糊與鬆散，日益提供了影響力龐大的利益團體以及企業政治家相當的權力來形塑政府政策。

更廣泛地說，台灣到民主體系的變遷允許了尋租行爲的增加，就像多元政治成爲標準一樣，也民主化了經濟政策決定的過程，正符合Mancur Olson（1982）的理論。因此，中華民國的政治成功，是以規劃及執行有效金融政策的能力下降的形式作爲成功的成本，如同「政治經濟」一書中提到民主最終是關於政治過程（William Keech, 1995），因此儘管民主有成本，但想評價民主還是不容易，因爲沒有無爭議的標準。雖然民主的台灣似乎在決策環境中存有大量的混亂，但公民對於民主的支持仍然非常強健。

面臨著台灣的制度糾葛

在很多方面廣受歡迎且成功的台灣民主時期，已經被漸增的政治僵局與國家認同議題兩極化留下了污點（尤其可見第六章），在某些程度上，這意味著從民主化而來成功的成本，因爲國民黨黨國的威權統治掩蓋了國家政治制度各種不同的問題。首先，制度上相當無條理，尤其是總統、行政院長與立法院之間的職權不明確且重疊；其次，在中國大陸爲了訓政民主所設計的憲法適用在台灣時，某些制度似乎相當多餘（例如國民代表大會及省政府）；第三，單記不可讓渡投票制被廣泛認爲會促進貪腐和極端選舉行爲；最後，民主化帶給經濟與金融決策更大的政治化。在過去二十年中台灣已經採取了一系列的憲法修正案來解決這些問題，然而其功效是有限的，一方面是因爲大多數改革偏於零碎或投機，另一方面是由於現行憲法正統性有著重大裂縫。

　　這也許意味著中華民國的制度糾葛是棘手的，然而這些問題不應掩蓋該國在政治上已經造就的實質進展，台灣顯然是一個運作良好的民主政體，選舉定期舉行，儘管缺乏良好的風度但其結果仍被接受，政權從一黨轉移到另一黨也順利地進行。此外，2000至2008年間陳水扁政府與國民黨主導的立法院之間的對峙和僵局，以及單記不可讓渡投票制所造成的不良影響，是否扭曲了台灣政治的正常流動，至少是有待商榷，因爲在實施新的選舉制度或者在2008年總統及立委選舉國民黨大勝後，台灣的政治本質看起來並沒有改變太多（Gold, 2009, 2010），再者，雖然很少人會讚揚台灣的金融決策，就算不好，但似乎也沒有Charles Gasparino（2009）就《大出賣：30年華爾街金融陰謀》一書中所描述的美國金融系統那麼糟糕。總之，經常吞沒著台灣政治的那些聲音與憤怒，將注意力從台灣其實是個運作相當正常的政體的事實中轉移了。

第 (六) 章　政治的兩極化

　　二十一世紀的第一個十年之間，台灣政治在緊密相連的國家認同與兩岸關係議題上變得越來越兩極化，2000-2008年期間，在陳水扁總統統治下，民進黨帶領的泛綠聯盟掌控了行政部門，而國民黨帶領的泛藍聯盟掌控了立法部門，這樣均等的權力平衡造成了政策僵局與日益惡化的政治，這樣的情況反而讓台灣在初來乍到的新世紀面臨兩個分屬不同領域的挑戰時，產生了嚴重的問題。首先，黨派間對於大陸政策之激烈爭辯，使得在回應中國對台灣主權的威脅時更加困難；同樣地，台灣過去二十年裡不斷增長的與中國的經濟統合，意味著任何經濟政策的討論都伴隨著國家認同的情緒化爭辯，即使經濟政策在2008-2010年經濟大衰退期間極其重要。

　　然而，國家認同的惡性兩極化看來並非注定是台灣的核心動態，事實上，仍有中間選民在這個問題上似乎是持著溫和且中立的立場，而非落入相異的兩端。因此在本章中，我們檢驗了有關國家認同的尖銳辯論，首先我們描述過去十年中不斷升溫的國家認同兩極化，然後試著解釋為何會發生這種情況，接著，我們認為菁英在國家認同的兩極化似乎與普通選民的態度有些不一致，最後，我們將解釋為什麼在台灣的主要政黨似乎皆無視於公民民意的分布情形。

在國家認同議題上迸發的黨派兩極化

　　90年代末台灣的政治動態，國家認同的黨派差異性縮小並失去其原有的強度（參圖3.2），然而，在民進黨的陳水扁戲劇性贏得2000年總統大選後，黨派差異性迅速地加劇。陳水扁在與連戰、宋楚瑜的三方競賽中（外加2名較不重要的候選人）以不到40%的得票率贏得勝選，在兩種不同類型的問題上都發生了兩極化，第一個是當時正在進行的國家政治本土化，尤其在文化方面，陳水扁政府更是始終如一地推動；其次是與中國的兩岸關係較鬆散，於此，陳水扁的政策隨著時間越來越不一致。然而，這兩個問題也在Daniel Lynch所稱之「台灣自我意識的國家建立方案」（Taiwan's self-conscious nation-building project）中強烈地連結著，據Lynch所述：「台灣正處於自我意識的國家建立方案當中，而其方案規劃者對於中國的經濟與地緣政治的成就感到焦慮，並擔心著作為一個自治實體，除非台灣能早日正式獨立，否則將會被以和平或其他的方式消滅掉」（2014: 513）。

雖然1990年代的政治動態在國家認同議題上，黨派差異性明顯傾向溫和，但仍有合理的理由能夠認為更強的衝突可能會爆發，特別是這項議題的本質就有一觸即發的潛能，在台灣的國家認同，被David Leege與他的同仁認為是直接反映出對不同社會群體的認同與忠誠之「文化議題」：

> 有著不同社會群體認同的人，不僅是在於他們應該如何生活，也對於政治社群的範圍領域及其目的，往往有著不同且根深蒂固的觀念。他們有正當的道德秩序感，並期望其他市民和政府可以進一步地推動策劃。他們往往不喜歡也不信任競爭群體的觀點，甚至覺得有些團體沒有參與民主政治的權利，更不用說讓這些與之競爭的觀點與社會有所連結。政黨變成以社會團體為準，且政治領導者也為了選舉利益而塑造價值與偏好聯盟（2002: 5）。

Leege和他的同事認為，這種以社會和文化議題為基礎的群體是理解他們為何如此情緒化及兩極化的關鍵，其中一些議題（如墮胎）涉及強烈的道德問題，導致極端支持者和反對者陣營之間的兩極化。除了這樣的影響外，這些社會問題也涉及到團體及社群如何界定自己，以及當最珍視的基本價值受到威脅時，這些團體與社群如何看待與之對立的團體：「文化政治不僅僅是一組議題，而是一種援用基本社會價值並強調群體差異性的論證型式」（2002: 27-28）。

文化政治因此經常涉及高度情緒化的議題，並關注社會中特定群體的基本地位與福祉，這導致那些也許會破壞特定族群的身分與地位而不可能妥協的議題，被以高度象徵性的方式呈現（Hunter, 1991; Leege, Wald, Krueger, and Mueller, 2002）。

當台灣的政治在民進黨執政時開啓了新世紀與新時代，國家認同議題在政治光譜的兩端製造了交叉壓力。當90年代台灣的政治動態似乎是爲了對抗激進的政策轉變而運作時，對新總統陳水扁來說，泛綠陣營選民或是民進黨和台聯黨之中的深綠選民都期待並要求主要政策可以轉變，以推動本土化運動來替國家創造一個以台灣爲中心的典範（Hsiau, 2005; Jacobs, 2005）。由國民黨、親民黨與擁有同樣深藍基礎的新黨之殘存者所組成的泛藍聯盟，則希望可以將他們所觀察到的這波台灣民族主義浪潮反推回去，與之對抗，例如1997年，一些新黨政治人物曾爲了反對新的教科書「認識台灣」，而起身帶領較情緒化的抗議活動（F. C. Wang, 2005）。當然，不利於深藍陣營維護以中國爲中心典範的是，他們只能夠吸引到外省人以外的少數人，而這些人僅占台灣人口不到15%。

就兩岸關係而言，最初陳水扁明顯選擇了溫和與保持現狀，他藉由對中國採取令人意外地安撫、調和的態度，來回應因他勝選可能帶來台海兩岸新危機的恐懼，他爲了安撫北京，在就職演說提出「四不一沒有」，意即除非中國進行軍事干預，他不會做出任何改變台灣現狀的舉動。然而，中國卻以故意藐視作爲對陳水扁安撫手段的回應，並從要求台灣不宣布獨立迅速改變成要求台灣接受一中原則，因此兩岸關係當然破局。更糟糕的是，中國陸續部署跨越台海的短程導彈並瞄準台灣，作爲對台北或美國華盛頓施加軍事壓力的一種手段。陳水扁在這種相當戲劇化的政策轉變下，於2002年夏天對兩岸關係採取了更尖銳的態度，提出了海峽兩岸一邊一國的論點，這挑起了北京和美國雙方明顯的不滿。這一政策可能反映了導致陳水扁這種想法的幾項因素：面臨中國不願妥協讓步時所受到的挫敗、因喬治·華克·布希的支持而漸增的自信，以及對於吸引泛綠陣營選民支持的渴望（D. A. Brown, 2001; Copper, 2000; Rigger, 2003; T. Y. Wang, 2003）。

　　相比之下在國內方面，陳水扁對於本土化的進行則是頗不慎重，當局為了基礎選民，利用其行政權力促進所謂的「台灣主體性」。例如李偉欽（Lee, 2005）所提：陳水扁推動了文化重建運動，其中包括許多倡議政策，如改變許多機構和組織的名稱並強調「台灣」、促進本土方言的語言政策、針對大眾媒體修訂官方政策，徹底改變先前國民黨對於資訊輸出的支配與控制（包括獎勵地下廣播電台），而在教育政策上則是從聚焦於中國歷史轉為聚焦於台灣歷史。正如上文所述，Lynch（2004）得出結論，陳水扁和泛綠陣營試圖創立一個紮根於台灣歷史與文化的新國家。

　　為了備戰2004年的總統大選，陳水扁強烈呼籲台灣國家主義。雅克‧德利勒（Jacques deLisle）將這場選戰的中心主題與口號稱作「Taiwan Yes! (China No!)」（2004）。陳水扁針對台灣國家主義，提出了一項相當重要且明確的政策呼籲，就是在總統大選的同時舉行一場針對中國的公民投票，雖然支持舉辦公投的意義遠比單純反映台灣國家主義還要來的廣泛。在1990年代早期民進黨一開始曾提倡公投宣布台獨。因此，透過立法允許公民投票以及舉行公投的想法，強烈地吸引著深綠的支持者。相較而言，公民投票除了使北京感到驚愕，也引起美國些微程度的驚訝。有關憲法改革與修訂的競選承諾，陳水扁也適用了相同的邏輯，他在2003年9月民進黨的成立紀念日突然宣布，他計畫在2006年前完成主要的憲政改革。一方面，民進黨各派系與黨員長期以來都倡導制定新憲法來實現實質台獨，例如重新命名國號為「台灣共和國」（Republic of Taiwan）。而李登輝和台灣團結聯盟也大力提倡新國家與新憲法（Copper, 2004; deLisle, 2004; Mattlin, 2004; Rigger, 2004）。

　　泛綠陣營競選活動的最高潮是為了抗議中國軍事威脅所舉辦的228手牽手護台灣活動，此活動是將約200萬人所組成的人龍從台灣北部延伸到南部的集會，陳水扁與李登輝並在人龍中間點的苗栗縣緊握住彼此的手。大量的參與人數顯示出這場活動成功地點燃泛綠支持者的情緒，這也具有高度象徵意義。這場活動是在2004年2月28日14時28分舉行，除了紀念1947年反政府暴動的228事件，此外，也模仿愛沙尼亞、拉脫維亞和立陶宛三個獨立國家在1989年時為了反抗蘇聯占領而舉行的人龍活動。內在的民族正義與外在的從中國獨立的隱含需求再也不加掩飾。內部的民族正義和獨立的表面的隱含極爲微妙。這的確強化了以下觀點，陳水扁正運用台灣國家主義作爲競選活動的驅動力，並且樂意在台獨議題上挑戰其極限（Chan, 2005; Copper, 2004; deLisle, 2004）。

隨後中國開始致力於增加台海緊張局勢，在天安門事件後中國共產政權轉向國家主義，並作爲其中央正當化的基調，將之置於逐漸增加的群衆壓力下，以預防台灣聲明主權獨立（Gries, 2004; Zhao, 2004; Zheng, 1999）。因此，中國幾乎認爲必須對於陳水扁日益增長的自信與出乎意料的連任作出反應。中國政府制定了反分裂國家法，爲回應台獨宣言之常重複提到的軍事威脅創造了法律基礎。雖然激起了台灣強烈的反中國情緒，但該法最終仍於2005年3月通過，引發了軒然大波，中國快速的軍事現代化以及其對台灣看似無緣無故的威脅，吸引了國際注意，也傷害了中國在國際舞台上的形象。泛藍聯盟的各領導人如國民黨的連戰、親民黨的宋楚瑜與新黨的郁慕明，爲回應這種情況，在2005年春末和夏初間訪問中華人民共和國，進行一系列的交涉。藍軍認爲，這些訪問有助於穩定兩岸關係，而綠營則指責其損害陳水扁政府與台灣的主權（Chan, 2006; Clark, 2006）。

因此，在二十一世紀第一個十年中期之前，有關兩岸關係和國家認同的苛刻且分裂的辯論主宰了台灣的政治。綠營認爲他們必須爲台灣站出來並指責將台灣出賣給中國的藍軍；與之形成鮮明對比的是，藍軍認爲綠營是在做不必要的挑釁，藍營也主張有更恰當的政策可以化解來自中國的威脅。極端地看，這些立場暗指自己這邊是台灣的救星，而另一邊則會摧毀台灣國家地位，不幸的是這些批評似乎都有些道理。陳水扁總統爲了主要的國家目標，三不五時號召贊成獨立的基礎選民，此舉既激怒了中國，有時也使得台美關係緊張，從而在台北—北京—華盛頓的三角關係中，對台灣地位的破壞產生了威脅。相反地，藍軍試圖與北京協商，削弱了陳水扁應對中國的能力，甚至有相當可靠的傳言指出，藍軍領導人力勸中國和美國強硬對待陳水扁政府，而這力勸本身可能會對台灣國防產生威脅（Clark, 2006; Hickey, 2006; Rigger, 2005）。

2006年當陳水扁在競選期間轉變爲高度國家主義模式時，這種兩極分化情形更加嚴重，但選後又轉變回更溫和的途徑時，這種策略卻未贏得北京和華盛頓多少善意（Clark, 2006）。顯然他斷定綠營在2005年地方選舉失利是因為他的基本盤疏遠離間的結果，因此，陳水扁在選後對中國變得更加挑釁，以他的國策顧問金恆煒的話來解釋陳水扁總統對中國的新政策：「金恆煒說……，民進黨在去年12月選舉遭遇重大挫敗是因為該黨試圖拉攏中間選民，使綠營失去了許多『核心支持者』。『這些核心支持者最終並沒有出來投票，因為他們認為陳水扁對他們不忠誠，他們想給這個黨一個教訓。』金恆煒如是說。」（"Advisor Predicts a Su-Tsai DPP Ticket for 2008," 2006: 3）此外，陳水扁在2006年夏天也因越滾越大的洗錢醜聞，使得深綠主要支持者日益減少（Y. H. Chu, 2007）。

因此，在2006年初陳水扁曾示意將大陸政策改為帶有強烈國家主義言論的政策，特別是在一月下旬的農曆新年演說中，揚言要廢除台灣國家統一委員會和國家統一綱領，這顯示他「希望看到這個國家以台灣的名義加入聯合國」，並表示他想在年底前起草一份新憲法，並透過公民投票獲得認同（Ko, 2006: 1）。這三個動作相當接近中國對於台獨聲明所劃出的底線。隨後，陳水扁在這三個議題領域中採取進一步行動，不管中國的驚愕與來自美國的壓力，他仍在2006年的春天凍結了國統會和國統綱領（Y. H. Chu, 2007），然後，他發動了一場備受矚目的修憲運動，這也似乎是2008年選舉中的一個核心問題，直到2007年中期，陳水扁與民進黨將重點轉移至提出公投以表決中華民國（ROC）是否應該以台灣（Taiwan）的名義加入聯合國，雖然公投最終以失敗收場，但這無疑挑釁了美國，亦特別挑釁中國，因為至少有一些深綠支持者認為公投的通過可能改變這個國家的正式名稱（Y. H. Chu, 2008; Copper, 2008; Gold, 2009; Rigger, 2007）。

若不管公投，2008總統大選似乎有讓國家認同分裂狀況趨緩的感覺，尤其兩位候選人——民進黨的謝長廷與國民黨的馬英九——皆屬溫和派，例如，提出與中國建立友善關係政見後即輕易勝選的馬英九，在兩岸關係中提倡「三不」政策：「不統、不獨、不武。」來保證維持現狀的承諾。然而，馬英九的外省人身分使得許多綠營人士認為他居心叵測，因此，他對於兩岸經濟關係的促進，尤其是2008年11月的三通協定與2010年6月的兩岸經濟合作架構協議（ECFA），激起了大量的群眾示威運動，就ECFA來說，也在立法院引起了較大的爭辯（Copper, 2008; Gold, 20009, 2010; Rigger, 2007; F. Wang and Mo, 2010）。

對於國家認同議題爆發的解釋

　　二十一世紀的第一個十年期間，國家認同及兩岸關係這兩項互相交織的議題操縱了台灣政治的動態，而明顯地，有個重要的問題是，為什麼會發生這種情況？如圖6.1所示，威權的遺產以及民主化的動力皆促成了台灣政治的這項重大轉變。圖中的A部分，威權時代遺留下的強烈民族怨恨，創造了文化衝突的可能性（見第三章），卻並未發展出民主妥協與決策的傳統，進而阻礙了藉由創造第五章中所謂的制度糾葛以解決衝突的途徑。

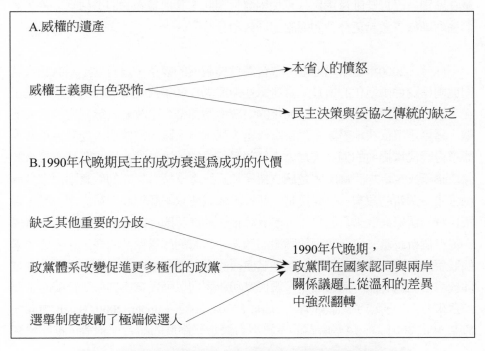

圖6.1　威權主義與民主化如何促成國家認同極化的模型

　　圖6.1的B部分摘要出在兩世紀交接時期，三種政治條件是如何相互作用，才徹底改變了存在於主要政黨們之間對國家認同及兩岸關係之中溫和的差異性。第一種條件是，其他議題逐漸消退，只剩下國家認同成為幾個較具吸引力的議題之一；第二種是，在2000年總統大選之後，政黨體系的變化促成了更極化的政黨；最後一種則是，台灣獨特的選舉制度本質使得較激進的候選人更容易勝選。

　　民主制度最重要的功能之一就是在面臨社會時，能促進重大議題決策影響力的普及。在以前或在民主年代的早期階段，有四個議題相當重要：(1)民主化本身；(2)國家認同和民族正義；(3)政治腐敗；(4)社會福利政策。正如第三章的表3.7所示，上述議題中，除了國家認同以外，其他議題都在二十世紀末變得相當邊緣化，因此，主要政黨之間在大多數議題上僅具溫和的差異性，甚至在國家認同議題上看起來還有聚合的傾向（Clark, 2002; Fell, 2005）。然而，這種似乎合意的傾向為主要政黨間的競爭製造了一個問題，因為它使得政黨在區別自己以及動員選民時更加困難，因此，其他議題的消退枯竭，給了他們強烈動機去激起更分裂的國家認同政治分歧。

　　此外，2000年選舉迅速地導致台灣選舉制度的變革，這有助於刺激國家認同與兩岸關係兩極化的增長。當新黨逐漸消失在90年代晚期，台灣看起來是正在發展一個穩定的兩黨制，2000年的總統大選卻帶來了改變政黨制度的重大衝擊，這場選舉很快地變成了民進黨候選人陳水扁、國民黨候選人連戰，以及未能獲得國民黨提名的獨立候選人宋楚瑜等三位的競爭。陳水扁的勝利所帶來的餘波讓國民黨更加悲慘。宋楚瑜支持者和國民黨支持者之間的敵意驅使宋楚瑜創立了一個新的政黨——親民黨。此外，連戰要求李登輝卸下黨主席一職，為國民黨的選舉失敗來負起責任，李登輝很快地就與國民黨處於交戰狀態，並成為另一個新政黨——台灣團結聯盟的教父。台灣的政黨體系隨即迅速變成了兩個競爭的集團或政黨聯盟。以民進黨旗幟的主要顏色來命名，民進黨和台聯黨即成為了泛綠聯盟，而國民黨、親民黨和新黨則以國民黨與其象徵符號的主要顏色來命名，形成了泛藍陣營（Clark, 2000a, 2002; Copper, 2000; Hsieh, 2002b; Y. S. Wu, 2001）。這些聯盟的本質與台灣選舉制度的結合，創造了推動國家認同兩極分化的可觀力量，小黨在分裂的國家認同問題上更為激進，也迫使主要政黨離開溫和的立場，其中綠營的台聯政黨明確贊成獨立，而藍營的親民黨和新黨則被廣泛視為認同外省人，同時也贊成統一（Copper, 2004; W. C. Lee, 2005）。此外，如同我們在第五章中詳細地討論，台灣的複數選區單記不可讓渡投票制相當地擴大了小黨能夠施諸於聯盟領導人身上的壓力。在複數選區單記不可讓渡投票制中，每一選民在一個大的複數選區中只能投出一票，因此，候選人除了必須面對他們聯盟的其他成員以外，也必須與其他聯盟的候選人競爭，並且，相當少的投票率對勝選來說是很重要的，這鼓舞了激進的候選人，且其勝利使得政黨們更難妥協（T. J. Cheng, and Hsu, 2005; Hsieh, 2006, 2009; Rigger, 1999b）。

　　此外，政黨著重在基本盤甚於中間選民之此一策略變遷，加劇了政黨與選舉制度刺激的惡化，對泛藍政黨來說，兩個明確的條件有助於解釋這一點。首先，因為他們失去了權力，所以主要關注的是鼓舞他們當前支持者的情緒，把注意力集中到批評與阻撓陳水扁政府，而不是制定和倡導實際政策；其次，李登輝從國民黨離去後，黨的性質明顯改變，隨著1990年代李登輝與他在黨內的主流派系的勝利，威權時代的舊國民黨和「白色恐怖」顯然已經被取代。反而，後李登輝時代的國民黨與過去的以中國為中心典範相比，似乎較為兼容並蓄，尤其是對綠營支持者來說（Clark, 2006; W. C. Lee, 2005; Y. S. Wu, 2011）。固然地，李登輝的離去為反主流派系的親中黨員帶來了權力的回歸（Fell, 2005）。

　　我們已經看到陳水扁如何利用台灣民族主義和本土化運動作為一種有益的選舉策略，李偉欽認為，陳水扁的本土化途徑與1990年代李登輝的本土化途徑之間的重要差異，使得這項議題特別兩極化。李登輝試圖建立一個台灣民族主義與一個可以涵蓋這個國家所有居民的民族，被稱之為公民民族主義（Shen and Wu, 2008）。這可以在1998年備受矚目的台北市市長選舉中看出一些端倪，他試圖在這場選舉中創造新的國家認同基礎，當時由國民黨的馬英九挑戰擁有70%支持度的民進黨時任市長陳水扁，為了幫助馬英九克服這外省人民族繼承的劣勢，李登輝要求他聲明他對台灣的忠誠，這在某種程度上重新定義了這個島上的國家認同種類：「台灣總統李登輝爲台北市市長選舉著實增添了一些戲劇性，他問國民黨提名人馬英九說：『哪裡是你的家鄉？』，身爲外省人的馬英九以不流利的閩南話回答：『我是一個新的台灣人，吃台灣米，喝台灣水』」（Rigger, 1990a: 48）。李登輝的新台灣認同觀點是對所有人開放，並暗示老舊的民族敵意可以遺留在過去，對國家認同來說，這創造了一種橫跨政治光譜上廣受歡迎的新途徑（M. J. Brown, 2004; Rigger, 1999a）。

相較於李登輝對發展中台灣民族較爲廣泛的理解，李偉欽（2005）認爲陳水扁更關心的是吸引特定群體的種族民族主義（Shen and Wu, 2008）。特別是在那十年的中期，民進黨主要是吸引從福建省來的閩南族群，其略超過人口的70%。相比之下，儘管民進黨口頭上打著四大族群的口號（Makeham, 2005），某些著名的民進黨領導人不只是貶低外省人（約占人口的15%以下），也貶低了其他兩個本省族群：與外省人人數差不多的客家人，以及僅占人口約2%的原住民（Copper, 2010）。因此，陳水扁的做法比李登輝的策略更加極化。

菁英兩極化與公民態度之間的分離

在政治學文獻中有幾個不同的理論分支試圖整理出民主制度中選舉法規、政黨體系的特徵、民意在重大議題上的分歧等之間的關係，尤其是一些不同的理論家，例如安東尼‧唐斯（Downs, 1957）和薩托利（Sartori, 1986）曾斷言，在一個社會中，民意在重大議題的分布對於政黨體系的本質來說是一大影響（參考1967年林普塞和羅坎針對有裂縫的結構、政黨體系與選民組合如何結合，所提出的較廣泛的模型）。

民意在特定議題上能夠有無數種可能的分布，其中有兩種與這項分析相關。在許多項目中民眾的態度接近於所謂的常態分布，多數的公民集中在分布的中段；當從中段往兩端移動時，個案數清楚地下降；並且兩個極端的分布是對稱的，形成了鐘形曲線。反之，兩端具有大量個案數，而中段個案數相對較少的極化分布圖，形成了U形曲線。極化的分布圖還有雙峰型的呈現，包含了兩種模式。

在台灣，在菁英對國家認同與兩岸關係論述的兩極化以及政黨競爭，強烈地顯示這樣的極化也會為了兩個理由而存在於一般選民之中，菁英也許會針對民意的兩極化而有所回應，或者，一旦菁英的辯論將議題帶進台灣政治的核心，公民也可能變得更加兩極。如果這兩個條件都不存在，且大多數台灣人處於溫和的中間立場，那麼主要政黨也許會有強烈的動機來緩和自己的政策，或者在民調中冒著遭受痛擊的風險。

民意資料多樣性為極化選民的成像投射出了不確定性，相較之下，與此相反的是，很多台灣公民擁有一種同時包含台灣與中國成分等複雜的認同，因此對兩岸關係的極端立場秉持謹慎的態度（M. J. Brown, 2004; Rigger, 1999a; Wachman, 1994）。過去的二十年裡，民意調查訪問人們是否認同自己是中國人、台灣人或兩者都是，表6.1所示，在1992年民族認同清楚地呈現常態分布，雙重身分認同者占了人口的52%，剛好超過一半，而具備中國人認同者占28%，略勝於台灣人認同者的20%。但這在僅僅八年間發生了明顯的變化，2000年時有47%大約一半的人口仍然有雙重認同，但台灣人認同者有39%，中國人的認同為14%。2000年至2008年之間的陳水扁時期延續了這種趨勢，台灣人認同者從39%成長到51%，而中國人認同者則崩落到只有4%。最後，在馬英九政府執政的頭兩年，台灣人認同者持續增加至55%。

表6.1　台灣公民的民族認同（百分比）

	台灣人	兩者都是	中國人
1992	20	52	28
1996	24	56	20
2000	39	47	14
2004	43	51	6
2008	51	45	4
2010	55	42	3

資料來源：Election Study Center, "Results from Election Polls" (Mucha, Taiwan: Election Study Center, National Cheng-chi University, 1992, 1996, 2000, 2004, 2008, 2010).

自從2010年前（甚至早在2000年），純粹中國人認同者的數量已經變得微乎其微，因此這些數據無疑表明了，以中國為中心的模式是台灣過去的事情。T. Y. Wang and Chang（2005）認為，這種趨勢在外省人中甚為明顯，如表6.2的數據所示，1994年到2000年間，外省人中具中國人認同者幾乎降低了一半，從57%至29%，然後在2004年再次下降了近一半至16%。甚至因此在2000年急遽的兩極化前，深藍陣營者是少數人口中決定性的少數，儘管陳水扁加強呼籲台灣民族主義，外省人中具中國人認同者仍在扁政府第一次執政期間持續飛快地衰退，蔣介石的復興中華文化運動理所當然地結束並遭到掩沒。

然而，要評估關於以台灣為中心的模式之兩極化與溫和化是有一些問題並且含糊的，在2000年以前，當台灣人認同者遠多於中國人認同者時，民意對於國家認同議題不再是常態分布，而在下一個十年間，台灣人認同者的數量更是大幅增長，超過了在2008年那些認為自己既是台灣人也是中國人的人數，並且，台灣人認同者於2010年達到人口的55%，明顯領先於42%的雙重認同者。因此，這些數據支撐了兩種相當不同的解釋，一方面是在國家認同上，很清楚地巨大轉移至台灣人認同，這與陳水扁能夠建立一個根植於台灣歷史與文化的新國家之說法是一致的（S. Y. Ho and Liu, 2003; Shen and Wu, 2008; Lynch, 2004），在2004年競選活動中不只是陳水扁和李登輝支持者表達此說法，在泛藍領導者中的發言與行動中也能看到這樣的表達，例如在他們最後一場大型造勢晚會中，連戰和宋楚瑜雙雙在台北和台中的演說之後，下跪親吻土地，宣示他們對台灣的熱愛與忠誠（T. L. Huang, 2004）。

表6.2　外省人的民族認同（百分比）

	台灣人	兩者都是	中國人
1994	5	38	57
1996	8	49	43
2000	11	60	29
2004	15	69	16

資料來源：T. Y. Wang and G. A. Chang, "Ethnicity and Politics in Taiwan: An Analysis of Mainlanders' Identity and Policy Preferences," Issues and Studies 41, no.4 (2005): 49.

　　而另一方面，宣稱雙重認同的少數堅持的公民則與新台灣人國家的意象不一致，此意象據稱係由李偉欽（2005）所謂之陳水扁的文化重建運動所建立。而這能從大眾如何看待台灣在國際地位的最佳選擇中看出：(1)台灣獨立；(2)維持目前主權不確定的現狀；或(3)與中國統一。表6.3說明了在過去二十年中約60%的多數都支持含糊不清甚至荒謬的外交現狀，雖然這並不是完全常態分布，因為兩個極端並不平衡，尤其在1994年和2010年之間，獨立和統一的相對支持度突然轉變，從14%比25%，到24%比12%。但自從台灣中心模式主張獨立以來，民意看起來仍然是由溫和的中間路線所支配。

　　這種強烈且持續地對台灣在國際地位維持現狀之支持特別突出，因為如Rigger（2004）所述，台灣在國際地位的缺乏以及中國對待台灣的方式帶來了逐漸增長的挫敗，而這種橫跨政治光譜的挫敗是很容易察覺的。更確切地說，對於光譜兩端的威脅十分明顯，意即此一並不特別令人滿意的現狀維持仍然在可容忍範圍內被接受了。簡而言之，台灣的溫和中間路線對於「Taiwan, Yes!」的申明幾乎沒有任何一點猶疑，然而，溫和中間路線以台灣為中心的忠誠仍與深綠陣營所認為對台灣國很重要的忠誠仍有相當的距離，例如Shelly Rigger（2011）在與年輕人的訪談中發現，即使是「愛台灣」一詞都被以懷疑的眼光看待，因為它變得很政治化。因此，陳水扁的文化重建運動或許就像蔣介石的中華文化復興運動一樣弄巧成拙。

表6.3　台灣國際地位的偏好（百分比）

	獨立	維持現狀	統一
1994	14	61	25
1996	17	56	27
2000	18	59	23
2004	24	61	15
2008	26	63	11
2010	24	64	12

資料來源：Election Study Center, "Result from Election Polls" (Mucha, Taiwan: Election Study Center, National Cheng-chi University, 1994, 1996, 2000, 2004, 2008, 2010).

　　近來關於兩岸關係更明確的態度也說明了民意中拒絕極端意識形態的務實主義。表6.4顯示了在2007年4月份和2008年12月份,民意認為兩岸互動的節奏是否太慢、剛好或者太快,在這兩個時間點,2007年與2008年分別有40%與48%的多數認為速度剛好,認同溫和的中間路線。然而,極端的立場卻發生相當大的變化,認為過於緩慢者從34%銳減至16%,認為過快者從26%急升至36%,或許是因為從經濟大衰退以來日漸成長的不安全感,人們開始越來越擔心兩岸的互動,如第四章表4.11顯示了當時對於限制兩岸經濟關係的緊縮政策之壓倒性支持,此外,因民進黨攻擊馬英九與中國之間太快達成協議所煽動而起的擔憂,也可以解釋此一變化。

　　如表6.5所示在過去的十年中台灣的選舉結果,如民意等數據,對於國家認同兩極化的程度有些模糊不明,但最終這些結果都顯示出選民在國家認同議題上並非過於強烈的兩極化。或許,這些數據所支撐的最顯而易見的結論是過去2000至2010十年期間,泛藍與泛綠陣營的實力如何變化甚至於分裂。民進黨的陳水扁在2000年和2004年的總統選舉險勝,而藍軍在2001年和2004年的立法委員選舉險勝。藍軍在地方行政首長(縣、市長)選舉表現較佳,2001年以些微差距險勝,而2005年贏得更為從容。相較之下,綠營贏得了2005年舉行的任務型國民大會代表選舉,但或許有些諷刺的是,他們想廢止國民大會(Rigger,2007)。

表6.4　台灣人對於兩岸交流速度的看法(百分比)

	2007年04月	2008年12月
太慢	34	16
剛剛好	40	48
太快	26	36

資料來源:T. Y. Wang, "Cross-Strait Rapprochement, Domestic Politics, and the Future of the TRA," paper presented at the Conference on Thirty Years After the Taiwan Relations Act, Unversity of South Carolina, Columbia, 2009, p. 8.

表6.5　主要政黨的選民支持度（百分比）

選舉	民進黨	台聯黨	國民黨	親民黨	新黨
2000總統	39	c	23	37[a]	c
2001立法委員	33	8	29	18	2
2001地方縣市首長	45	c	35	2	10
2004總統	50[b]	c	50	c	c
2004立法委員	36	8	33	14	c
2005國民代表	43	7	39	6	1
2005地方縣市首長	42	1	51	1	
2008總統	42	c	58	c	c
2008立法委員	39	1	53	c	c
2009地方縣市首長	45	c	48	c	c
2010五都首長	50	c	45	c	c

資料來源：Central Election Commission, Government of Taiwan, "Election Results," www.cec.gov. tw, 2010; J. F. Copper, Taiwan's 2011 Metropolitan City Elections: An Assessment of Taiwan's Politics and a Prediction of Future Elections (Baltimore: University of Maryland Series in Contemporary Asian Studies, 2011), p. 53.

備註：a.投給獨立參選並於選後創立親民黨的宋楚瑜。
　　　b.民進黨的陳水扁打敗國民黨的連戰，50.1%比49.9%。
　　　c.低於0.5%或沒有提名候選人。

　　這種勢均力敵的分裂明確地與意識形態光譜中兩大極端選民群體一致（以中國爲中心的藍軍與台灣爲中心的綠營），而占少數的溫和中間路線則決定了誰將會贏得一場具體的選舉。然而，選舉結果的某些面向顯示事實可能並非如此，首先，表6.1和6.2有關中國人認同對決台灣人認同的數據顯示，絕大多數藍軍的支持者並不是以中國爲中心，因此泛藍政黨一定是以其他議題來吸引選民；其次，在那十年的中期，一些更小且更極端的黨派（如藍軍的親民黨與新黨，以及綠營的台聯）勢力明顯消退，當2005年取消單記非讓渡投票的選舉制度無疑損害了少數黨時（Rigger, 2007），他們的衰落甚至被遺忘也顯示出國家認同兩極端的支持者人數所剩不多；第三，2008年的立法委員選舉國民黨令人信服的大勝民進黨（53%比39%）以及總統選舉的大勝（58%比42%），這證明了陳水扁並未建立起一個認同新台灣國的多數，因爲黨性幾乎不曾脫離。確切地說，選民看起來主要係針對與中國之間的緊張關係（但這並不影響台灣民族主義）和衰退的經濟而有所回應（Copper, 2008; Gold, 2009）。

　　然而國民黨的勝利相當迅速的開始消失。馬英九總統的人氣因爲某些事件的結合而衰退，例如日益嚴重的經濟大衰退、馬英九政府在2009年8月莫拉克風災所爲的不當回應與處置、由民進黨在中國對台灣主權的威脅議題上火上加油所加深的恐懼、以及國民黨主導的立法院持續失能等。因此，民進黨在2009至2010年重整旗鼓贏得了令人印象深刻的選舉，在2009年和2010年一系列立法院補選中勝選，僅在2009年縣、市長選舉以45%比48%些微差距略輸，並且在2010年五都市長選舉中，民進黨得票數50%超過了國民黨的45%，雖然國民黨在五都中拿下了三都（Copper, 2011; Gole, 2010; Rigger, 2010; Tien and Tung, 2011）。因此，這些結果顯示了在國家認同議題上有自己立場的民進黨並非與選民不和。

　　因此，與執著於極端的意識形態相比，台灣選民看起來更加務實。事實上2010年的五都選舉，大量的中間選民在高雄市、台中市、台南市、台北市與新北市（原台北縣）更加顯著，國民黨試圖透過強調2010年強勁的經濟復甦、政治穩定性與陳水扁政府醜聞之後的誠信，將這些選舉國家化，當競選在秋天升溫時，民進黨在黨主席兼新北市市長候選人蔡英文提倡ECFA須在9月公投時回應了ECFA的高人氣，並且民進黨也試圖和陳水扁保持距離。相反地，民進黨透過專注於地方事務、承諾在社會越來越不平等的狀況下幫助弱勢、有限度地以台灣民族主義呼籲南台灣大本營等方式，試圖將選舉地方化（Copper, 2011; Tien and Tung, 2011）。然而，若因此斷言國家認同的黨性兩極化正在趨緩，或是社會福利、貪腐以及政府能力等議題正在重新浮現，仍太早定論。例如，許多深綠仍不滿蔡英文對ECFA立場的逆轉，以及許多深藍覺得馬英九對民進黨太過包容（Copper, 2011）。

理解兩極化與反常的策略

　　到目前爲止，在本章中我們已經討論並檢驗了台灣邁向民主鞏固期間社會的兩極化，我們強調過台灣兩極化的一個明顯後果是，菁英意見似乎與一般民意不太一致，民意與選舉數據皆證明，在菁英層面銳利的兩極分化並沒有反映在一般選民中，若按照唐斯中間選民理論中的邏輯（Downs, 1957），我們可以推斷出，台灣菁英強調身分認同的政治似乎是一個反常的政治策略。我們如何解釋這種顯然異常的現象呢？台灣的政黨和菁英們在選舉中採用不穩定的策略不該受到懲罰嗎？

我們提出四種貌似有理但並非詳盡無疑的說法來解釋如何才能調和這種反常的政治策略：(1)在台灣沒有其他的明顯分歧；(2)有利於大黨的制度結構；(3)台灣選民可充分動員的性質；(4)政治和選民個人生活之間的脫節。這些因素的性質可廣泛歸類爲社會學的、制度性的，以下讓我們簡要的分析各因素。

首先，除了民族和國家認同的分裂外，台灣缺乏可以拿來在政黨競爭中創造一項重要議題的其他明顯分歧。這樣的一個議題必須滿足以下三個條件：(1)能夠區分出重要政治團體之間的差異；(2)這些團體都知道這樣的差異；(3)存在著與該分歧相關的組織基礎。事實上，研究顯示台灣的左右派輪廓並不明顯，研究也顯示台灣的政黨傾向在典型的左右派立場中趨於會合（Hsieh, 2002a; Tan, 2004）。台灣社會被廣泛分布的中產階級，以及傾向於擁有較弱左右意識形態卻反而對於經濟干預與同時約束勞工權利毫無愧疚而務實存活下來的主要政黨所特徵化。這有限制的議題空間自然而然的意味著，國家認同與統獨政治往往會被強調，因爲它們提供了更大的操作空間並且容易被選民理解。

其次，某些制度上的限制保護了兩大黨，雖然體系中有其他分裂的政黨，但它們並不如國民黨與民進黨那樣占優勢。不僅是單記非讓渡投票制甚或是新的複數選區多數決制等選舉制度，還有立法院規則和其他制度規則，皆給了國民黨與民進黨優勢，例如，Nathan Batto（2006）曾說台灣立法院委員會的設計讓大黨能夠支配議程，這讓人聯想到理查德·卡茨（Richard Katz）和彼得·梅爾（Peter Mair）的卡特爾型（cartel）政黨體系，制度規範與限制皆強化了國民黨與民進黨的角色。「台灣的委員會在立法過程中也有一項突出的角色，除了審預算外，他們還可以毫無限制地重寫法案。他們控制自己的議程，可以舉行公聽會並迫使政府官員背書」（Batto, 2006: 6）。

台灣的學者也認爲（Hawang, 2003; Sheng, 2000; Y. L. Wang, 2003），立法院委員會因一些制度性因素而普遍薄弱，例如「委員會猖獗的調動、資歷制度的缺乏，以及對政黨領袖帶領委員會的鼓勵在特定會期中尤其重要」（Batto, 2006: 6）。此外，「由於委員會分配制度並無法確保委員會內的黨派平衡能反映議場上的黨派平衡，在議場上重新檢視所有委員會的決議並隨時做好撤銷的準備就變得重要。……1999年1月，立法機關藉由通過法案，讓在委員會審議階段法案後的黨團協商制度化，以將前述作法正規化」（Batto, 2006: 6）。雖然學者認爲這是對台灣立法院委員會制度巨大的削弱，但從另一面來看，是加強了大黨在立法院的優勢地位。

第三，在台灣的選民動員是很滲透且不變的。如果我們將選民用藍、綠兩大類來區分選民，台灣的投票模式是具有高度穩定性的。大部分的波動發生在黨內投票，而非跨黨派投票，我們很少看到投票給其他政黨的選民。這意味著選民動員相當穩定且不變，其他黨派動員的空間並不多。解釋選民動員穩定性與低度黨際波動的方式是，政黨菁英在如何定義議題時有一些彈性空間而感到安心，並且在相當小的約束中給予他們顯著程度的全權委任空間，導致選民們無處可去，因爲他們被迫投票給藍營或綠營。換句話說，綠營選民投給藍營候選人是非常不可能的，反之亦然。

表6.6的數據支持這種解釋，從台灣民主化後在選民支持度上所使用的有效數據顯示，泛藍支持者平均落在48.9%至56.2%，泛綠支持者則介於33.1%和42.4%之間（95%信賴區間），這些數字表示，對兩大陣營的平均支持程度介於這些數字之間。這些數字點出一項事實，台灣選民在很大程度上受到藍綠兩大陣營的動員，提供了國、民兩黨在選民支持上穩固的基礎。我們也可以推論，因爲這兩個陣營都具有迷人的選民支持程度，藍、綠分際以外的其他政黨只剩下一點點招募及動員選民的空間。此外，這也顯示出主要政黨選舉運勢的波動，主要是受黨內分裂影響，或是受到短期競選活動等足以動搖人數少卻關鍵的獨立選民之特定因素的影響（例如醜聞）。

表6.6 在立委選舉中選民對泛藍與泛綠的支持度

	泛藍	泛綠
1995	59.1%	33.2%
1998	53.5%	31.1%
2001	49.8%	41.2%
2004	46.9%	43.5%
2008	53.5%	39.6%
平均值	52.5%	37.7%
標準差	4.1	4.8

資料來源：Central Election Commission, Government of Taiwan, "Raw Data," www.cec.gov.tw, 2010.

最後，在政治運作和選民透過自身生活所發生的改變而理解到的政治運作之間，似乎有著根本的脫節（換句話說，政治就像是外面的世界，與私人生活相對地脫節）。檢驗這種脫節的方式是觀察台灣民眾的政治效能感，內在政治效能感與個人認為自己的技能和能力可以對政治體制產生多少影響相關，內在政治效能感越高，越會參與政治，對政治也較積極；而另一方面，外在政治效能感則是涉及個人如何感受政府是在回應他們所關心的事務，外在政治效能感越高，對政府有較高的信任，或是至少認為政府有回應其需求。低程度的外在政治效能感顯示出對政府和政治的更冷漠的態度（Milbrath and Goel, 1977; Pollock, 1983）。台灣選舉與民主化調查中已包含了內在和外在效能感的調查問題，這對我們的檢驗很有價值。表6.7顯示了不同受訪者在政治效能感和政治偏好等問題中如何分布。

我們可以從表6.7數據推斷，台灣選民的內在政治效能感較低，但具有相對較高的外在政治效能感，在回應問題「政治太複雜使得像我這樣的人無法理解」時，至少10人中有6個同意，這意味著絕大多數選民有著較低的內在政治效能感與政治偏好。然而，同樣的調查數據顯示，台灣的選民具有高度外在效能感（有相當大的比例認為公民對於政府的行動有影響力以及政治人物在乎公民的意見），顯示出對政治體制的高度信任。

表6.7　台灣選民的政治效能感程度

	2002台北市	2002高雄市	2003全國	2004全國
公民擁有影響力	72.6	65.0	62.8	55.1
政客在乎民意	56.6	48.6	53.8	30.4
政治是複雜的	60.2	63.5	78.1	65.8
政治能力／偏好	35.9	25.8	-	29.6

資料來源：Election Study Center, "Taiwan Election and Democratization Survey, 2002, 2003, 2004 L-A, Raw Data" (Mucha, Taiwan: Election Study Center, National Cheng-chi University).
備註：" - "沒有可用的數據，數字代表受訪者贊同該問題的百分比。我們所稱「政治效能感」的問題項目「我有能力參與政治」在2004年的調查中並無提問，因此，2004年的來源是「政治偏好」。

　　如果外在效能高，但內在效能低，我們就會看到選民以傳統選舉與慣例的模式表達意見和參與政治。有研究顯示，「沒有效能感卻仍察覺回應性政治世界的個人，很可能會透過慣例或象徵性的參與來表達他們的忠誠」（Pollock, 1983: 404; Milbrath and Goel, 1977）。Pollock（1983）發現這些類型的人對於非傳統的政治參與也有較低的傾向。在台灣的案例中，Pollock的結論被Tan（2006）所支持，Tan發現相較於其他工業化民主國家，台灣選民對於非傳統的政治參與有較低的傾向。有了這樣一個循規蹈矩且忠誠的政治參與類型，台灣選民的日常生活與政治分離是很合理的，這種態度可以從充斥於台灣媒體的時事call-in電視節目中察覺出來，觀眾為了娛樂價值收看這些像是真人秀或喜劇片的節目，但這些節目與他們的日常生活看似相當遙遠，也因此強化了這種脫節。

　　以上四個因素的結合，將會產生一種強化菁英與民意脫節傾向的動力，促成了台灣主要政黨反常的政治策略。在一個正常的唐斯理論環境下，這些脫節並反常的策略不會被觀察到，然而，也能合理預期這四個因素互動的動態會產生新的限制或機會來改變台灣政治體制中理性行動者的計算，這些刺激與抑制因素使這些行動者採取不同的行動，在一個由不同制度與社會的動態所新生的本益結構局面中，台灣的政治行動者採取了讓結果成本最小化與效用最大化之策略，對行動者本身來說，在這樣的政治場域這麼做也許是理性且符合邏輯的。

延續此一思路，由於與民意步調不一致所花的成本相當低，給予了政治菁英定義議題的彈性空間，因此從這四個因素相互作用而來的成本結構對菁英相當有益。就某種意義來說，政治賞罰結構看似不對稱，選民無法眞正懲罰政治菁英，因此不遵循民意的成本很低。此外，選民們都知道，台灣在國家主權議題上的命運以及與中國之間的關係等政治言論非常突出，遠在台灣選民和政治菁英的控制之外。但是，由於沒有其他重大議題可定義並區分政黨、沒有較深的意識形態分裂，也沒有比較容易理解的議題，因此菁英們發現，毫無品質地談論如國家地位等無法解決的老議題容易許多，可以激怒他們的死忠選民，菁英也希望短期的爲競選而生的政策和非政策性的議題〈經濟危機管理、貪腐或其他醜聞等〉，能夠動搖未表態的選民支持自身或其他陣營。

兩極化、反常的政治策略以及向台灣挑戰回應的問題

台灣過去十年間，在民進黨以台灣爲中心以及國民黨以中國爲中心的模式中，政治在國家認同議題上的兩極化變得更強烈。台灣的國家認同議題就像是Leege與其夥伴所述是個「文化議題……喚起基本的社會價值並且強調族群差異」（2002: 27-28）。這削弱了國家在這十年末期所面臨巨大挑戰的回應能力，考慮到過去二十年間台灣與中國逐漸增長的經濟整合，管理與中國之間的經濟關係必定是走出經濟大衰退的核心問題之一。此外，中國持續宣稱對台灣擁有主權，也構成了另一項嚴峻的挑戰（Chow, 2008）。因此，在大陸政策上情緒化且看似無法解決問題的辯論，使得任何政府更難以發展有效保護並促進台灣主權的政策。

在世紀之交後，國家認同議題的爆發至少有些令人驚訝，因爲在1990年代晚期，主要政黨在國家認同問題之間的差異是已經明顯緩和的。此外，民意數據和選舉結果皆相當強烈地意味著，菁英階層尖銳的兩極化並不與一般選民重疊。一般前提下，在像台灣這樣實質上的兩黨體系中，政黨應該吸引中間選民，若我們採納這樣的前提，激進份子以自己的偏好來取代能夠吸引選票極大值的政策，看起來就會是一個反常的政治策略。理論上這應該是一個不穩定的情況，因爲政黨採取極端立場應該在選舉中得到處罰，然而表6.5的數據顯示

因為先前討論的四項因素的結合，使得這種情況在2000年以後的選舉中從沒真的發生過，附帶地說，這並不是一個獨特的情況，在美國，高度意識形態的政黨激進份子，看起來已使得跨越民主黨和共和黨之間大量議題的兩極分化逐漸增長（Layman, Carsey, Green, Herrera, and Cooperman, 2010）。這表示了無論是好是壞，台灣政治的本質可能尚不會經歷一種根本的轉型，儘管2010年的五都首長選舉顯示出，在分裂的國家認同議題上有走回溫和路線的可能性。

第 七 章 面對成功的代價

　　在本書各章節我們討論了有關台灣政治經濟的分裂的看法，在第二章和第三章中，我們認為台灣曾發生經濟與政治奇蹟，在1950年代起至1990年代初期，台灣經濟的快速增長和結構轉型展現了短暫的光芒，而1980年代晚期與1990年代初期或更晚期出現的民主轉型，同樣令人印象深刻。此外，這些經濟奇蹟與民主轉型的成功是由許多前人所造就，在經濟方面，以外省人為主的政府與本省人為主的商業界，對台灣令人矚目的經濟崛起有著重要貢獻；在民主方面，反對運動和國民黨內推動民主改革的改革派，亦有效地推動台灣民主轉型。

　　相較之下，第四章、第五章和第六章則強調中華民國過去這二十年來面臨過的重大挑戰。在經濟方面，過去曾有過的快速成長開始衰退，經濟不平衡現象增加，製造業的衰落等，在在顯示台灣整體經濟正被掏空，使得台灣政府以及人民不得不設法克服二十一世紀初的第一個十年所出現的經濟急遽衰退，而同樣令人擔憂的是，台灣與中國大陸之間日益增長的經濟統合和經濟依賴，可能使得台灣主權更受中國大陸威脅；在政治方面，反對派的不能妥協、普遍的政治僵局、經濟決策泛政治化，以及日漸成長的國家認同分裂化等情形，使得台灣原本令人驕傲的民主化快速地失去控制，進而走向令人詬病的政治，同時也破壞了台灣面對中國大陸威脅的回應能力。

　　諷刺地說，上述的這些問題與挑戰正是被所謂的「成功的代價」所加遽惡化，尤其是台灣先前快速打入國際產品循環與民主轉型等亮眼的成就。如圖7.1所示，前述打入國際產品循環的成就正好將台灣推向了當時政策模型尚處於模糊不明地帶的先進科技產業領域，此外，在1990年代初期一直扮演著台灣經濟發展核心動態角色的中小企業，面臨著高科技精密技術經濟所帶來的壓

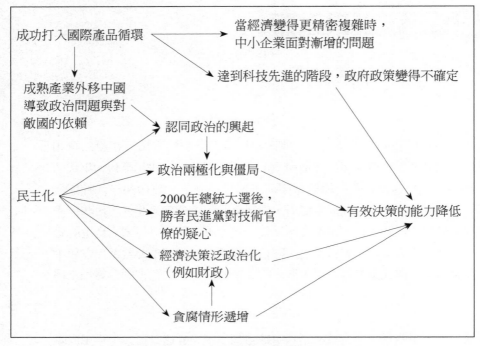

成功打入國際產品循環

當經濟變得更精密複雜時，
中小企業面對漸增的問題

達到科技先進的階段，政府政策變得不確定

成熟產業外移中國
導致政治問題與對
敵國的依賴

認同政治的興起

政治兩極化與僵局

民主化

2000年總統大選後，
勝者民進黨對技術官
僚的疑心

有效決策的能力降低

經濟決策泛政治化
（例如財政）

貪腐情形遞增

圖7.1　國家經濟角色的成功代價

力，基礎產業開始出現一波波跨海出走浪潮，由於大量的基礎產業與漸增的高
科技產業出走至中國大陸設廠，終於使台灣對中國產生了巨大的經濟依賴。而
這樣的經濟挑戰也影響了台灣的政治動態，首先，台灣經濟本質的改變使得產
業政策更加難以規劃與執行，再者，與中國大陸之間越來越多的經濟統合，也
引起了台灣國內對於國家認同與兩岸關係等議題的熱烈辯論。

　　台灣的民主化也帶來了一些明顯降低政府有效決策能力的副作用，圖7.1
列出了五個這樣的政治變遷，首先是身分認同的興起，這涉及了外省人與本省
人之間的對抗，在2000年總統大選陳水扁當選後，高度情緒化的身分認同支配
了當時的政治局面，使得認同分歧難以和解，決策更難達成，並且大幅增加了
兩岸經貿關係的爭議；再者，互相拉鋸的政黨認同分裂也造成了政治兩極化與
僵局；第三，民進黨對於曾在威權時期的國民黨政府工作過的技術官僚們存有

疑心，因此陳水扁政府解僱了相當數量的技術官僚，然而卻也同時降低了扁政府的決策能力；第四、民主化使得部分領域的經濟決策偏向政治化，例如財政政策；第五、民主化也使得過去這二十年來的貪腐情形遽增。綜觀而言，這些政治變遷確實爲政府有效能的決策帶來了嚴苛的挑戰。

　　然而，在探討成功的代價之前，必須先考量改革失敗所付出的代價會是什麼。我們在第五及第六章討論到中華民國現行民主政體依然縈繞著威權時代遺留下來的制度遺產，這也說明了制度論的存在，制度論假定長期的決策安排造就了形塑未來決策與經濟表現的制度（March and Olsen, 1989; North, 1990），而這個觀點正認爲，探討先前的制度是有價值的，那些制度可能形塑了1990年代中期以後台灣決策與適應性。

　　圖7.2顯示了過去台灣威權政治所帶來的挑戰，台灣政府長久以來接受如蔣介石或蔣經國等威權領導者的支配，當1980年代末期到1990年代初期選舉式民主順利進行時，正規民主決策應有的妥協模式（give-and-take）卻未曾被建立起來，事實上，過往制度的遺產反而將國家推向了政治失能。該圖顯示出台灣在國民黨威權統治下的五個不利特徵：(1)毫無條理且不一貫的政府制度；(2)民主妥協與決策經驗的缺乏；(3)資助政治與貪腐；(4)個人主義色彩濃厚的政治；(5)對於本省人政治上與文化上的打壓。

　　前四項特徵導致了廣受責難的國內政治僵局與毫無效能的決策，因此，威權制度遺產的存在也說明了，民主化過程中的政治發展不應被當成改革失敗眞正的罪人，在面對與控制台灣政治系統種種不利觀點時，政治革新反而是應該跨出的第一步，即使改革尚待進步。這項邏輯也適用於文化衝突及身分認同歧異，民主化確實將長久以來島民受到的政治與文化打壓帶進中華民國公共論述的核心。特別的是，單一選區不可讓渡投票制與個人主義色彩濃厚的台灣政治，使得大量的政治人物聚焦在迎合極端陣營中選民（例如深藍或深綠）的偏好，深化了二十一世紀初期台灣政治兩極化的現象，然而，在第六章我們討論過1990年代那十年之間的各種分裂力量，在那些力量爆發之前的1990年代裡，如同第三章圖3.2所示，民主政治正常運作實際上是爲這樣的議題帶來緩和與

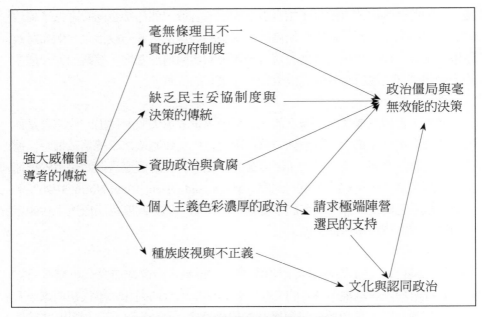

圖7.2　台灣如何發展成功的成本

聚合作用。除此之外，在2010年五都選舉中，尋求中間選民支持的需求的確也帶來了明顯緩和的作用，即使認定這是未來選舉趨勢的開端還言之過早。總而言之，就成功的代價來說，長期看來，台灣持續進行民主化所付出的代價會比發動進一步改革所採取的手段還要低。

　　在第四章至第六章探究過，討論成功的代價的第二種方式是退一步觀察台灣實行得有多好，至少對我們來說，雖然沒有最好，但也不差，台灣定期的舉行選舉，且全民服從選舉結果，雖不一定是有風度地接受，但就政治發展而言，仍會被視為鞏固的民主政體，此外，雖然台灣政治大多時候呈現兩極化且僵局的局面，但與美國這一類已發展民主的多數國家相比，並無太大差異。就經濟面來說，台灣有著繁榮的社會，且有著許多經濟蓬勃發展的跡象，例如2010年的經濟成長率的確達到了過去這二十年來最高的紀錄。

　　這意味著台灣為了成功所付出的代價已經無法得到相當的成就，這也促使我們想知道過去成功推動經濟與政治奇蹟的動力，到了現在是否依然有效？Chan與Clark在1992年將中華民國的成功經驗概念化為：「具有彈性、遠見及運氣」，意即著台灣在天時地利人和的狀況下，政策與發展策略上具備高度靈活的彈性，並且有遠見的往前而不依賴著過去的榮耀。Chan與Clark更認為這樣的彈性與遠見係屬於超越傳統各種論點的折衷主義，並反映出一項事實：台灣的發展策略與政策橫跨了當代盛行的發展模型或途徑，如第四章所提自由市場論者與中央集權論者等相互競爭的主張。

在台灣發展模型理論中的彈性與折衷主義也顯示著，台灣的經濟與政治發展不可能是以多偉大的目的為發展方向，以第二章討論的王永慶塑膠王國為例，其發展的過程即相當滑稽，而就廣泛層面來說，在威權時期，台灣商業界與國民黨政府間相當疏遠的關係，至少有部分原因係就政治邏輯思想上，必須預防對外省政權的挑戰，並與島民密切配合，致力於對抗政府的規範與壓榨。然而關係疏遠的結果卻出乎意料的好，好到超越政黨的想像，尤其是在1960年代台灣採取出口導向政策後，限制了許多發展中經濟體也存在著的公私部門的競租活動，提供了持續產業升級的強烈動機（Chan and Clark, 1992; Clark and Roy, 1997）。或許也能這麼說，有時候某些好政策是為了一些諷刺和骯髒的理由而執行，比如說土地改革政策成功緩和了台灣農村貧窮的現象，創造資源來資助工業化，但實際上國民黨真正的目的只是為了限制許多地主依附於土地之政經權力。

當面對過去成功的代價，我們相信台灣政治經濟仍是以彈性與折衷主義的過程為主，商業界持續強而有力且企業化是復甦經濟的最新建議。即使官方的經濟決策已失去相當大的效能，但台灣也已經達到了明確的產業政策越來越有問題的發展階段（J. Wong, 2010）；而在政治層面，國家認同與兩岸關係等議題分歧的辯論持續著，然而近來的研究顯示，與中國緊密連結的經濟地位會受從中獲益者與從中受損者等某種程度階級分裂的影響，也受國家認同與主權關懷者的影響（K. T. W. Wong, 2010），因此，這項強烈特點遲早會迫使政治家去面對台灣漸增的不平等與邊緣化等議題，一言以蔽之，台灣的未來依然有樂觀與悲觀的發展空間。

參考文獻

"Adviser Predicts a Su-Tsai DPP Ticket for 2008." 2006. *Taipei Times,* February 6.

Ahluwalia, M. S. 1976. "Income Distribution and Development: Some Stylized Facts." *American Economic Review* 66: 128–135.

Alexander, A. J. 2002. *In the Shadow of the Miracle: The Japanese Economy Since the End of High Speed Growth.* Lanham, MD: Lexington Books.

Amsden, A. H. 1989. *Asia's Next Giant: South Korea and Late Industrialization.* New York: Oxford University Press.

Amsden, A. H., and W. W. Chu. 2003. *Beyond Late Development: Taiwan's Upgrading Policies.* Cambridge: MIT Press.

Appleton, S. 1976. "The Social and Political Impact of Education on Taiwan." *Asian Survey* 16: 703–720.

Balassa, B. 1981. *The Newly Industrializing Countries in the World Economy.* New York: Pergamon Press.

Barnett, A. D. 1963. *China on the Eve of Communist Takeover.* New York: Praeger.

Batto, N. 2006. "Stacking the Committees: Assuring Majority Control of Committee Hearings in the Taiwanese Legislature." Paper presented at the International Conference on Political Center or Periphery: Legislatures and Parliaments in the 21st Century, Soochow University, Taipei.

Bedeski, R. E. 1981. *State-Building in Modern China: The Kuomintang in the Prewar Period.* Berkeley: Institute of East Asian Studies, University of California.

Berger, S., and R. K. Lester, eds. 2005. *Global Taiwan: Building Competitive Strengths in a New International Economy.* Armonk, NY: M. E. Sharpe.

Bolt, P. J. 2001. "Taiwan-China Economic Cooperation: Ties That Bind?" pp. 194–219 in K. Klinkner, ed., *The United States and Cross-Straits Relations: China, Taiwan, and the US Entering a New Century.* Champaign: Center for East Asian and Pacific Studies, University of Illinois.

Bosco, J. 1994. "Taiwan Factions: *Guanxi,* Patronage, and the State in Local Politics," pp. 114–144 in M. A. Rubinstein, ed., *The Other Taiwan: 1945 to the Present.* Armonk, NY: M. E. Sharpe.

Botjer, G. F. 1979. *A Short History of Nationalist China, 1919–1949.* New York: G. P. Putnam.

Breznitz, D. 2007. *Innovation and the State: Political Choice and Strategies for Growth in Israel, Taiwan, and Ireland.* New Haven: Yale University Press.

Brown, D. A. 2001. "Taiwan's 2000 Presidential Election and Cross-Strait Relations." *American Asian Review* 19: 55–107.

Brown, M. J. 2004. *Is Taiwan Chinese? The Impact of Culture, Power, and Migration on Changing Identities.* Berkeley: University of California Press.

Bush, R. C. 2004. *At Cross Purposes: US-Taiwan Relations Since 1942.* Armonk, NY: M. E. Sharpe.

Cabestan, J. P. 1998. "Taiwan's Mainland Policy: Normalization, Yes; Reunification, Later," pp. 216–239 in D. Shambaugh, ed., *Contemporary Taiwan.* Oxford: Clarendon Press.

Casper, G., and M. M. Taylor. 1996. *Negotiating Democracy: Transitions from Authoritarian Rule.* Pittsburgh: University of Pittsburgh Press.

Cavey, P. 2002. "Banking Blues?" *Taiwan Review,* December 1. http://taiwanreview.nat.gov.tw/site/Tr/fr.asp?xItem=792andCtNode-128 (accessed March 16, 2011).

Central Election Commission, Government of Taiwan. 2010. "Election Results." www.cec.gov.tw.

Chan, S. 1987. "Growth with Equity: A Test of Olson's Theory for the Asian Pacific-Rim Countries." *Journal of Peace Research* 24: 133–149.

Chan, S. 2005. "Taiwan in 2004: Electoral Contests and Political Stress." *Asian Survey* 45 (1): 54–58.

Chan, S. 2006. "Taiwan in 2005: Strategic Interaction in Two-Level Games." *Asian Survey* 46 (1): 63–68.

Chan, S. 2009. "The Political Economy of Détente: Taiwan's Economic Integration with China," pp. 68–87 in S. Brown, C. Clark, H. Takeuchi, and A. Tan, eds., *Taiwan at a Turning Point.* Baltimore: Maryland Series in Contemporary Asian Studies, School of Law, University of Maryland.

Chan, S., and C. Clark. 1992. *Flexibility, Foresight, and Fortuna in Taiwan's Development: Navigating Between Scylla and Charybdis.* London: Routledge.

Chang, C. H. 1996. "The Limits of Statism in Taiwan: The Distortions of Policies Ignoring Small Enterprise Dynamism." *American Asian Review* 14 (2): 71–96.

Chang, M. 2011. "DGBAS Unveils Taiwan's Economic Report Card." *Taiwan Today,* February 1, www.taiwantoday.tw.

Chao, C. M. 2002. "The Republic of China's Foreign Relations Under Lee Teng-hui: A Balance Sheet," pp. 177–203 in B. J. Dickson and C. M. Chao, eds., *Assessing Lee Teng-hui's Legacy in Taiwan's Politics: Democratic Consolidation and External Relations*. Armonk, NY: M. E. Sharpe.

Chao, L., and R. H. Myers. 1998. *The First Chinese Democracy: Political Life in the Republic of China*. Baltimore: Johns Hopkins University Press.

Chen, C. J., and Q. J. Yeh. 2005. "A Comparative Performance Evaluation of Taiwan's High Tech Industries." *International Journal of Business Performance Management* 7: 16–33.

Chen, D. W. 1994. "The Emergence of Environmental Consciousness in Taiwan," pp. 257–286 in M. A. Rubinstein, ed., *The Other Taiwan: 1945 to the Present*. Armonk, NY: M. E. Sharpe.

Chen, M. T. 1996. "Local Factions and Elections in Taiwan's Democratization," pp. 174–192 in H. M. Tien, ed., *Taiwan's Electoral Politics and Democratic Transition: Riding the Third Wave*. Armonk, NY: M. E. Sharpe.

Chen, T. E. 1981. "The Educational System: A Commentary," pp. 65–77 in J. C. Hsiung, ed., *Contemporary Republic of China: The Taiwan Experience, 1950–1980*. New York: Praeger.

Cheng, C. Y., ed. 1989. *Sun Yat-sen's Doctrine in the Modern World*. Boulder: Westview.

Cheng, C. Y. 1999. "Economic Relations Across the Taiwan Straits: Mutual Dependence and Conflicts," pp. 63–83 in W. L. Yang and D. A. Brown, eds., *Across the Taiwan Strait: Exchanges, Conflicts, and Negotiations*. New York: Center for Asian Studies, St. John's University.

Cheng, R. L. 1994. "Language Unification in Taiwan: Present and Future," pp. 357–391 in M. A. Rubinstein, ed., *The Other Taiwan: 1945 to the Present*. Armonk, NY: M. E. Sharpe.

Cheng, T. J. 1989. "Democratizing the Quasi-Leninist Regime in Taiwan." *World Politics* 41: 471–499.

Cheng, T. J. 1990. "Political Regimes and Development Strategies," pp. 139–178 in G. Gereffi and D. L. Wyman, eds., *Manufacturing Miracles: Paths of Industrialization in Latin America and East Asia*. Princeton: Princeton University Press.

Cheng, T. J. 1997. "Taiwan in 1996: From Euphoria to Melodrama." *Asian Survey* 37: 43–51.

Cheng, T. J., and P. P. C. Chang. 2003. "Limits of Statecraft: Taiwan's Political Economy Under Lee Teng-hui," pp. 113–148 in W. C. Lee and T. Y. Wang, eds., *Sayonara to the Lee Teng-hui Era: Politics in Taiwan, 1988–2000*. Lanham, MD: University Press of America.

Cheng, T. J., and S. Haggard, eds. 1992. *Political Change in Taiwan*. Boulder: Lynne Rienner.

Cheng, T. J., and Y. M. Hsu. 2005. "Taiwan's Party System, Coalition Politics, and Cross-Strait Relations." Paper presented at the Conference on US-China-Taiwan Relations in the Second Term of the Bush Administration, New York University, New York.

Cheng, T. J., and C. Schive. 1997. "What Has Democratization Done to Taiwan's Economy?" *Chinese Political Science Review* 28: 1–24.

Ch'ien, T. S. 1950. *The Government and Politics of China*. Cambridge: Harvard University Press.

China Credit Information Service. 2002. *Taiwan Diqu ji tuan qi ye yan jiu* [Business Groups in Taiwan]. Taipei: China Credit Information Service.

Chiu, P. C. H. 1992. "Money and Financial Markets: The Domestic Perspective," pp. 121–193 in G. Ranis, ed., *Taiwan: From Developing to Mature Economy*. Boulder: Westview.

Chou, B. E., C. Clark, and J. Clark. 1990. *Women in Taiwan Politics: Overcoming Barriers to Women's Participation in a Modernizing Society*. Boulder: Lynne Rienner.

Chou, Y. S., and A. J. Nathan. 1987. "Democratizing Transition in Taiwan." *Asian Survey* 27: 277–299.

Chow, P. C. Y., ed. 2002. *Taiwan in the Global Economy: From an Agrarian Economy to an Exporter of High Tech Products*. Westport, CT: Praeger.

Chow, P. C. Y., ed. 2008. *The "One China" Dilemma*. New York: Macmillan.

Chow, P. C. Y. 2011. "The Emerging Trade Bloc Across the Taiwan Strait: The Implications of ECFA and Its Aftermath for US Economic and Strategic Interests in East Asia," pp. 255–276 in C. Clark, ed., *The Changing Dynamics of Relations Among China, Taiwan, and the United States*. Newcastle upon Tyne: Cambridge Scholars Publishing.

Chu, Y. H. 1989. "State Structure and Economic Adjustment of the East Asian Newly Industrializing Countries." *International Organization* 43: 647–672.

Chu, Y. H. 1992. *Crafting Democracy in Taiwan*. Taipei: Institute for International Policy Research.

Chu, Y. H. 1994a. "The Realignment of State-Business Relations and Regime Transition in Taiwan," pp. 113–141 in A. MacIntyre, ed., *Business and Government in Industrializing East and Southeast Asia*. Sydney: Allen and Unwin.

Chu, Y. H. 1994b. "Social Protests and Political Democratization in Taiwan," pp. 99–113 in M. A. Rubinstein, ed., *The Other Taiwan: 1945 to the Present*. Armonk, NY: M. E. Sharpe.

Chu, Y. H. 1999. "Surviving the East Asian Financial Storm: The Political Foundations of Taiwan's Economic Resilience," pp. 184–202 in T. J. Pempel, ed., *Politics of the Asian Economic Crisis*. Ithaca: Cornell University Press.

Chu, Y. H. 2007. "Taiwan in 2006: A Year of Political Turmoil." *Asian Survey* 47: 44–51.

Chu, Y. H. 2008. "Taiwan in 2007: The Waiting Game." *Asian Survey* 48: 124–132.

Chu, Y. H., and T. M. Lin. 1996. "The Process of Democratic Consolidation in Taiwan: Social Cleavage, Electoral Competition, and the Emerging Party System," pp. 79–104 in H. M. Tien, ed., *Taiwan's Electoral Politics and Democratic Transition: Riding the Third Wave*. Armonk, NY: M. E. Sharpe.

Chu, Y. P., and T. W. Tsaur. 1984. "Growth, Stability, and Income Distribution in Taiwan." Paper presented at the annual meeting of the Western Social Science Association, San Diego.

Clark, C. 1989. *Taiwan's Development: Implications for Contending Political Economy Paradigms*. Westport, CT: Greenwood.

Clark, C. 1997. "Taiwan's Financial System: Prosperity from Countervailing Perversities?" pp. 116–165 in R. D. Bingham and E. W. Hill, eds., *Global Perspectives on Economic Development: Government and Business Finance*. New Brunswick, NJ: Center for Urban Policy Research, Rutgers University.

Clark, C. 2000a. *Asia Update: The 2000 Presidential Elections*. New York: Asia Society.

Clark, C. 2000b. "Democracy, Bureaucracy, and State Capacity in Taiwan." *International Journal of Public Administration* 23: 1833–1853.

Clark, C. 2002. "Democratization and the Evolving Nature of Parties, Issues, and Constituencies in the ROC," pp. 135–159 in P. C. Y. Chow, ed., *Taiwan's Modernization in Global Perspective*. Westport, CT: Praeger.

Clark, C. 2006. "Taiwan Enters Troubled Waters: The Elective Presi-
    dencies of Lee Teng-hui and Chen Shui-bian," pp. 496–535 in M.
    Rubinstein, ed., *Taiwan: A New History,* rev. ed. Armonk, NY: M. E.
    Sharpe.

Clark, C. 2007. "Economic Integration Between China and Taiwan: No
    Spillover into the Identity and Security Realms," pp. 71–90 in S.
    Horowitz, U. Heo, and A. C. Tan, eds., *Identity and Change in East
    Asian Conflicts: The Cases of China, Taiwan, and the Koreas.* New
    York: Palgrave Macmillan.

Clark, C. 2009. "State Economic Leadership and the Costs of Success
    from Taiwan's Development," pp. 88–98 in S. Brown, C. Clark, H.
    Takeuchi, and A. C. Tan, eds., *Taiwan at a Turning Point.* Baltimore:
    Maryland Series in Contemporary Asian Studies, School of Law,
    University of Maryland.

Clark, C., and S. Chan. 1998. "Market, State, and Society in Asian De-
    velopment," pp. 25–37 in S. Chan, C. Clark, and D. Lam, eds., *Be-
    yond the Developmental State: East Asia's Political Economies
    Reconsidered.* London: Macmillan.

Clark, C., and J. Clark. 2005. "Parallels in the Political Dynamics in Tai-
    wan and the United States." *American Journal of Chinese Studies*
    12: 103–124.

Clark, C., and K. C. Roy. 1997. *Comparing Development Patterns in
    Asia.* Boulder: Lynne Rienner.

Clough, R. N. 1978. *Island China.* Cambridge: Harvard University Press.

Clough, R. N. 1999. *Cooperation or Conflict in the Taiwan Strait?* Lan-
    ham, MD: Rowman and Littlefield.

Coble, P. M. 1980. *The Shanghai Capitalists and the Nationalist Gov-
    ernment, 1927–1937.* Cambridge: Harvard University Press.

Cohen, B. J. 1973. *The Question of Imperialism: The Political Economy
    of Dominance and Dependence.* New York: Basic Books.

Cole, A. B. 1967. "Political Roles of Taiwanese Enterprises." *Asian Sur-
    vey* 7: 645–654.

Cooke, M. T. 2006. "Business and Politics Across the Taiwan Strait,"
    Foreign Policy Research Institute Papers. Philadelphia: Foreign Pol-
    icy Research Institute, www.fpri.org.

Cooke, M. T. 2009. "Taiwan's Economy: Recovery with Chinese Char-
    acteristics." Taiwan-US Quarterly Analysis Series. Washington, DC:
    Brookings Institution, www.brookings.edu.

Copper, J. F. 1979. "Political Development in Taiwan," pp. 37–76 in H.
    D. Chiu, ed., *China and the Taiwan Issue.* New York: Praeger.

Copper, J. F. 1988. *A Quiet Revolution: Political Development in the Re-*

public of China. Washington, DC: Ethics and Public Policy Center.

Copper, J. F. 1997. *The Taiwan Political Miracle: Essays on Political Development, Elections and Foreign Relations.* New York: University Press of America.

Copper, J. F. 2000. *Taiwan's 2000 Presidential and Vice Presidential Election: Consolidating Democracy and Creating a New Era of Politics.* Baltimore: Maryland Series in Contemporary Asian Studies, School of Law, University of Maryland.

Copper, J. F. 2004. *Taiwan's 2004 Presidential and Vice Presidential Election: Democracy's Consolidation or Devolution?* Baltimore: Maryland Series in Contemporary Asian Studies, School of Law, University of Maryland.

Copper, J. F. 2008. *Taiwan's 2008 Presidential and Vice Presidential Election: Maturing Democracy.* Baltimore: Maryland Series in Contemporary Asian Studies, School of Law, University of Maryland.

Copper, J. F. 2009. *Taiwan: Nation-State or Province?* 5th ed. Boulder: Westview.

Copper, J. F. 2010. *Taiwan's Democracy on Trial: Political Change During the Chen Shui-bian Era and Beyond.* Lanham, MD: University Press of America.

Copper, J. F. 2011. *Taiwan's 2011 Metropolitan City Elections: An Assessment of Taiwan's Politics and a Prediction of Future Elections.* Baltimore: Maryland Series in Contemporary Asian Studies, School of Law, University of Maryland.

Council for Economic Planning and Development. 1987. *Taiwan Statistical Data Book, 1987.* Taipei: Council for Economic Planning and Development.

Council for Economic Planning and Development. 2009. *Taiwan Statistical Data Book, 2009.* Taipei: Council for Economic Planning and Development.

Crewe, I., and D. D. Searing. 1988. "Ideological Change in the British Conservative Party." *American Political Science Review* 82: 361–384.

DeLisle, J. 2004. "The Aftermath of Taiwan's Presidential Election: A Symposium Report." Philadelphia: Foreign Policy Research Institute, www.fpri.org.

Domes, J. 1981. "Political Differentiation in Taiwan: Group Formation Within the Ruling Party and the Opposition Circles, 1979–80." *Asian Survey* 21: 1011–1028.

Domes, J. 1989. "The 13th Party Congress of the Kuomintang: Towards Political Competition?" *China Quarterly* 118: 345–359.

Downs, A. 1957. *An Economic Theory of Democracy.* New York: Harper-

Collins.

Eastman, L. E. 1974. *The Abortive Revolution: China Under Nationalist Rule, 1927–1937*. Cambridge: Harvard University Press.

Election Study Center. 1992, 1994, 1996, 2000, 2004, 2008, 2010. "Results from Election Polls." Mucha, Taiwan: Election Study Center, National Cheng-chi University.

Election Study Center. Taiwan Election and Democratization Survey. 2002, 2003, 2004. Mucha, Taiwan: Election Study Center, National Cheng-chi University, Results from Election Polls.

Evans, P. B. 1985. "Transnational Linkages and the Economic Role of the State: An Analysis of Developing and Industrialized Nations in the Post–World War II Period," pp. 192–226 in P. B. Evans, D. Rueschemeyer, and T. Skocpol, eds., *Bringing the State Back In*. New York: Cambridge University Press.

Evans, P. B. 1995. *Embedded Autonomy: States and Industrial Transformation*. Princeton: Princeton University Press.

Evans, P. B., D. Rueschemeyer, and T. Skocpol, eds. 1985. *Bringing the State Back In*. New York: Cambridge University Press.

Fei, J. C. H., G. Ranis, and S. W. Y. Kuo. 1979. *Growth with Equity: The Taiwan Case*. New York: Oxford University Press.

Fell, D. 2005. *Party Politics in Taiwan: Party Change and the Democratic Evolution of Taiwan, 1991–2004*. London: Routledge.

Fields, G. S. 1992. "Living Standards, Labor Markets, and Human Resources in Taiwan," pp. 395–433 in G. Ranis, ed., *Taiwan: From Developing to Mature Economy*. Boulder: Westview.

Fields, K. J. 1995. *Enterprise and the State in South Korea and Taiwan*. Ithaca: Cornell University Press.

Friedman, D. 1988. *The Misunderstood Miracle: Industrial Development and Political Change in Japan*. Ithaca: Cornell University Press.

Galbraith, J. K. 1978. *The New Industrial State*. Boston: Houghton Mifflin.

Galenson, W., ed. 1979. *Economic Growth and Structural Change in Taiwan: The Postwar Experience of the Republic of China*. Ithaca: Cornell University Press.

Gallin, B. 1966. *Hsin Hsing, Taiwan: A Chinese Village in Change*. Berkeley: University of California Press.

Gasparino, C. 2009. *The Sellout: How Three Decades of Wall Street Greed and Government Mismanagement Destroyed the Global Financial System*. New York: Harper Business.

Gates, H. 1979. "Dependency and the Part-Time Proletariat in Taiwan." *Modern China* 5: 381–407.

Gates, H. 1981. "Ethnicity and Social Class," pp. 241–281 in E. M.

Ahern and H. Gates, eds., *The Anthropology of Taiwanese Society*. Stanford: Stanford University Press.

Gates, H. 1987. *Chinese Working-Class Lives: Getting By in Taiwan*. Ithaca: Cornell University Press.

Gereffi, G. 1998. "More than the Market, More than the State: Global Commodity Chains and Industrial Upgrading in East Asia," pp. 38–59 in S. Chan, C. Clark, and D. Lam, eds., *Beyond the Developmental State: East Asia's Political Economies Reconsidered*. New York: Macmillan.

Gerschenkron, A. 1962. *Economic Backwardness in Historical Perspective: A Book of Essays*. Cambridge: Harvard University Press.

Gilpin, R. 2001. With J. M. Gilpin. *Global Political Economy: Understanding the International Economic Order*. Princeton: Princeton University Press.

Gold, T. B. 1986. *State and Society in the Taiwan Miracle*. Armonk, NY: M. E. Sharpe.

Gold, T. B. 2009. "Taiwan in 2008: My Kingdom for a Horse." *Asian Survey* 49 (1): 88–97.

Gold, T. B. 2010. "Taiwan in 2009: Eroding Landslide." *Asian Survey* 50 (1): 65–75.

Goldstein, J., and R. O. Keohane, eds. 1993. *Ideas and Foreign Policy: Beliefs, Institutions, and Political Change*. Ithaca: Cornell University Press.

Graham, O., Jr. 1992. *Losing Ground: The Industrial Policy Debate*. Cambridge: Harvard University Press.

Greene, J. M. 2008. *The Origins of the Developmental State in Taiwan: Science Policy and the Quest for Modernization*. Cambridge: Harvard University Press.

Greenhalgh, S. 1984. "Networks and Their Nodes: Urban Society in Taiwan." *China Quarterly* 99: 529–552.

Greenhalgh, S. 1988a. "Families and Networks in Taiwan's Economic Development," pp. 224–245 in E. A. Winckler and S. Greenhalgh, eds., *Contending Approaches to the Political Economy of Taiwan*. Armonk, NY: M. E. Sharpe.

Greenhalgh, S. 1988b. "Supranational Processes of Income Distribution," pp. 67–100 in E. A. Winckler and S. Greenhalgh, eds., *Contending Approaches to the Political Economy of Taiwan*. Armonk, NY: M. E. Sharpe.

Gregor, A. J. 1981. With M. H. Chang and A. B. Zimmerman. *Ideology and Development: Sun Yat-sen and the Economic History of Taiwan*. Berkeley: Institute of East Asia Studies, University of California.

Gries, P. H. 2004. *China's New Nationalism: Pride, Politics, and Diplomacy.* Berkeley: University of California Press.

Gurtov, M. 1968. "Taiwan: Looking to the Mainland." *Asian Survey* 8: 16–20.

Haggard, S. 1990. *Pathways from the Periphery: The Politics of Growth in the Newly Industrializing Countries.* Ithaca: Cornell University Press.

Hall, P. A., ed. 1989. *The Political Power of Economic Ideas: Keynesianism Across Nations.* Princeton: Princeton University Press.

Harrell, S. 1985. "Why Do the Chinese Work So Hard? Reflections on an Entrepreneurial Ethic." *Modern China* 11: 203–226.

Harrison, B., and B. Bluestone. 1988. *The Great U-Turn: Corporate Restructuring and the Polarizing of America.* New York: Basic Books.

Hawang, S. D. 2003. "The Committee System: The Hub of the Legislature," pp. 52–84 in H. Y. Chiu, J. W. Lin, Y. L. Wang, and S. D. Hawang, eds., *Deconstructing the Legislative Yuan: Reforming the Legislative Yuan.* Taipei: Yun-chen (in Chinese).

"Heavily Indebted Taiwan." 2000. *The Economist,* November 9.

Heilbronner, R. L. 1980. *The Worldly Philosophers: The Lives, Times, and Ideas of the Great Economic Thinkers.* New York: Simon and Schuster.

Hickey, D. V. V. 2006. "Complicating the Complicated: The Role of Societal Actors in Taiwan's External Relations." Paper presented at the Conference on Taiwan Issues, University of South Carolina, Columbia.

Higley, J., T. Y. Huang, and T. M. Lin. 1998. "Elite Settlements in Taiwan." *Journal of Democracy* 9 (2): 148–163.

Hirschman, A. O. 1980. *National Power and the Structure of Foreign Trade.* Berkeley: University of California Press.

Ho, S. P. S. 1978. *Economic Development in Taiwan, 1860–1970.* New Haven: Yale University Press.

Ho, S. P. S. 1987. "Economics, Economic Bureaucracy, and Taiwan's Economic Development." *Pacific Affairs* 60: 226–247.

Ho, S. Y., and I. C. Liu. 2003. "The Taiwanese/Chinese Identity of the Taiwan People in the 1990s," pp. 149–183 in W. C. Lee and T. Y. Wang, eds., *Sayonara to the Lee Teng-hui Era: Politics in Taiwan, 1988–2000.* Lanham, MD: University Press of America.

Hobbes, T. 1962. *Leviathan: Or the Matter, Form and Power of a Commonwealth Ecclesiasticall and Civill.* Edited by M. Oakeshott. London: Collier Macmillan.

Hong, S. G. 1992. "Paths of Glory: Semiconductor Leapfrogging in Taiwan and South Korea." *Pacific Focus* 7: 59–88.

Hood, S. J. 1997. *The Kuomintang and the Democratization of Taiwan.* Boulder: Westview.

Hsiao, H. H. M. 1991. "The Changing State-Society Relations in the ROC: Economic Change, the Transformation of Class Structure, and the Rise of Social Movements," pp. 127–140 in R. H. Myers, ed., *Two Societies in Opposition: The Republic of China and the People's Republic of China After Forty Years.* Stanford: Hoover Institution Press.

Hsiau, A. C. 2005. "*Bentuhua:* An Endeavor for Normalizing a Would-Be Nation-State?" pp. 261–276 in J. Makeham and A. C. Hsiau, eds., *Cultural, Ethnic, and Political Nationalism in Contemporary Taiwan: Bentuhua.* New York: Palgrave Macmillan.

Hsieh, J. F. S. 2002a. "Continuity and Change in Taiwan's Electoral Politics," pp. 32–49 in J. F. Hsieh and D. Newman, eds., *How Asia Votes.* New York: Chatham House.

Hsieh, J. F. S. 2002b. "Whither the Kuomintang?" pp. 111–129 in B. J. Dickson and C. M. Chao, eds., *Assessing Lee Teng-hui's Legacy in Taiwan's Politics: Democratic Consolidation and External Relations.* Armonk, NY: M. E. Sharpe.

Hsieh, J. F. S. 2006. "Institutional Design for a Mildly Divided Society." *Issues and Studies* 42 (1): 81–102.

Hsieh, J. F. S. 2009. "The Origins and Consequences of Electoral Reform in Taiwan." *Issues and Studies* 45 (2): 1–22.

Hu, M. W., and C. Schive. 1998. "The Changing Competitiveness of Taiwan's Manufacturing SMEs." *Small Business Economics* 11: 315–326.

Huang, P. H. 1984. "Modernization of Education in the Republic of China Since 1949," pp. 171–191 in Y. M. Shaw, ed., *Chinese Modernization.* San Francisco: Chinese Materials Center.

Huang, S. M. 1981. *Agricultural Degradation: Changing Community Systems in Rural Taiwan.* Lanham, MD: University Press of America.

Huang, T. L. 2004. "Saturday's Massive March Fills Pan-Blue Sails." *Taipei Times,* March 15.

Hunter, J. D. 1991. *Culture Wars: The Struggle to Define America.* New York: Basic Books.

Huntington, S. P. 1968. *Political Order in Changing Societies.* New Haven: Yale University Press.

Huntington, S. P. 1991. *The Third Wave: Democratization in the Late Twentieth Century.* Norman: University of Oklahoma Press.

Jackman, R. W. 1975. *Politics and Social Equality: A Comparative Analysis.* New York: Wiley.

Jacobs, J. B. 2005. "'Taiwanization' in Taiwan Politics," pp. 17–54 in J.

Makeham and A. C. Hsiau, eds., *Cultural, Ethnic, and Political Nationalism in Contemporary Taiwan: Bentuhua*. New York: Palgrave Macmillan.

Jacoby, N. H. 1966. *US Aid to Taiwan: A Study of Foreign Aid, Self-Help, and Development*. New York: Praeger.

Johnson, C. 1982. *MITI and the Japanese Miracle: The Growth of Industrial Policy, 1925–1975*. Stanford: Stanford University Press.

Kastner, S. L. 2009. *Political Conflict and Economic Interdependence Across the Taiwan Strait and Beyond*. Stanford: Stanford University Press.

Katz, R., and P. Mair. 1995. "Changing Models of Party Organization and Party Democracy: The Emergence of the Cartel Party." *Party Politics* 1: 5–28.

Keech, W. R. 1995. *Economic Politics: The Costs of Democracy*. New York: Cambridge University Press.

Ko, S. L. 2006. "Scrap Unification Guidelines, Chen Says." *Taipei Times*, January 30.

Koo, Y. C. 1968. *The Role of Land Reform in Economic Development: A Case Study of Taiwan*. New York: Praeger.

Krueger, A. O. 1978. *Foreign Trade Regimes and Economic Development: Liberalization Attempts and Consequences*. Cambridge, MA: Ballinger.

Kuo, C. T. 1995. *Global Competitiveness and Industrial Growth in Taiwan and the Philippines*. Pittsburgh: University of Pittsburgh Press.

Kuo, C. T. 1998. "Private Governance in Taiwan," pp. 84–95 in S. Chan, C. Clark, and D. Lam, eds., *Beyond the Developmental State: East Asia's Political Economies Reconsidered*. London: Macmillan.

Kuo, S. W. Y. 1983. *The Taiwan Economy in Transition*. Boulder: Westview.

Kuo, S. W. Y. 1985. "The Taiwan Economy in Transition." Paper presented at the Conference on the Prospects for the Economy of Taiwan, Republic of China, in the 1980s, National Central University, Chung-li, Taiwan.

Kuo, S. W. Y., and J. C. H. Fei. 1985. "Causes and Roles of Export Expansion in the Republic of China," pp. 54–84 in W. Galenson, ed., *Foreign Trade and Investment: Economic Development in the Newly Industrializing Asian Countries*. Madison: University of Wisconsin Press.

Kuo, S. W. Y., G. Ranis, and J. C. H. Fei. 1981. *The Taiwan Success Story: Rapid Growth with Improved Income Distribution in the Republic of China*. Boulder: Westview.

Kuznets, S. 1955. "Economic Growth and Income Inequality." *American Economic Review* 45: 1–28.

Kuznets, S. 1976. *Modern Economic Growth: Rate, Structure and Spread.* New Haven: Yale University Press.

Lai, T. H., R. H. Myers, and W. Wei. 1991. *A Tragic Beginning: The Taiwan Uprising of February 28, 1947.* Stanford: Stanford University Press.

Lake, D. A. 1988. *Power, Protection, and Free Trade: International Sources of US Commercial Strategy, 1887–1939.* Ithaca: Cornell University Press.

Lam, D. K. K. 1992. "Explaining Economic Development: A Case Study of State Policies Towards the Computer and Electronics Industry in Taiwan (1960–80)." PhD diss., Carleton University, Ottawa, ON.

Lam, D., and C. Clark. 1994. "Beyond the Developmental State: The Cultural Roots of 'Guerrilla Capitalism' in Taiwan." *Governance* 7: 412–430.

Lam, D. K. K., and I. Lee. 1992. "Guerrilla Capitalism and the Limits of Statist Theory: Comparing the Chinese NICs," pp. 107–124 in C. Clark and S. Chan, eds., *The Evolving Pacific Basin in the Global Political Economy: Domestic and International Linkages.* Boulder: Lynne Rienner.

Lasater, M. L. 2000. *The Taiwan Conundrum in US China Policy.* Boulder: Westview, 2000.

Layman, G. C., T. M. Carsey, J. C. Green, R. Herrera, and R. Cooperman. 2010. "Activists and Conflict Extension in American Politics." *American Political Science Review* 104: 324–346.

Lee, T. H. 1971. *Intersectoral Capital Flows in the Economic Development of Taiwan, 1895–1960.* Ithaca: Cornell University Press.

Lee, W. C. 2005. "Taiwan's Cultural Reconstruction Movement: Identity Politics and Collective Action Since 2000." *Issues and Studies* 41 (1): 1–51.

Leege, D. C., K. D. Wald, B. S. Krueger, and P. D. Mueller. 2002. *The Politics of Cultural Differences: Social Change and Voter Mobilization in the Post–New Deal Period.* Princeton: Princeton University Press.

Leng, T. K. 1996. *The Taiwan-China Connection: Democracy and Development Across the Taiwan Straits.* Boulder: Westview.

Lerman, A. J. 1978. *Taiwan's Politics: The Provincial Assemblyman's World.* Washington, DC: University Press of America.

Li, K. T. 1988. *The Evolution of Policy Behind Taiwan's Development Success.* New Haven: Yale University Press.

Li, W. L. 1984. "Social Development in the Republic of China, 1949–1981," pp. 478–499 in H. Chiu and S. C. Leng, eds., *China: Seventy*

Years After the Hsin Hai Revolution. Charlottesville: University of Virginia Press.

Lin, C. L. 2001. "National Identity and Taiwan Security," pp. 60–83 in A. C. Tan, S. Chan, and C. Jillson, eds., *Taiwan's National Security: Dilemmas and Opportunities*. Aldershot, UK: Ashgate.

Lin, C. L., and B. Tedards. 2003. "Lee Teng-hui: Transformational Leadership in Taiwan's Transition," pp. 25–62 in W. C. Lee and T. Y. Wang, eds., *Sayonara to the Lee Teng-hui Era: Politics in Taiwan, 1988–2000*. Lanham, MD: University Press of America.

Lin, C. Y. 1973. *Industrialization in Taiwan, 1946–1972: Trade and Import Substitution Policies for Developing Countries*. New York: Praeger.

Lin, J. W. 2002. "Transition Through Transaction: Taiwan's Constitutional Reforms in the Lee Teng-hui Era." *American Asian Review* 20: 123–155.

Lin, S. A. Y. 2002. "Roles of Foreign Direct Investment in Taiwan's Economic Growth," pp. 79–94 in P. C. Y. Chow, ed., *Taiwan in the Global Economy: From an Agrarian Economy to an Exporter of High Tech Products*. Westport, CT: Praeger.

Lin, W. I., and W. C. G. Chou. 2007. "Globalization, Regime Transformation, and Social Policy Development in Taiwan," pp. 101–123 in J. Lee and K. W. Chan, eds., *The Crisis of the Welfare State in East Asia*. Lanham, MD: Lexington Books.

Lipset, S. M. 1959. "Some Social Requisites of Democracy: Economic Development and Political Legitimacy." *American Political Science Review* 53: 69–105.

Lipset, S. M., and S. Rokkan. 1967. "Cleavage Structures, Party Systems, and Voter Alignments: An Introduction," pp. 1–64 in S. M. Lipset and S. Rokkan, eds., *Party Systems and Voter Alignments: Cross-National Perspectives*. New York: Free Press.

Liu, P. 1993. "The Power of Plastics." *Free China Review* 43 (6): 44–47.

Lu, Y. L. 2002. "Lee Teng-hui's Role in Taiwan's Democratization: A Preliminary Assessment," pp. 53–72 in B. J. Dickson and C. M. Chao, eds., *Assessing the Lee Teng-hui Legacy in Taiwan's Politics: Democratic Consolidation and External Relations*. Armonk, NY: M. E. Sharpe.

Lundberg, E. 1979. "Fiscal and Monetary Policies," pp. 195–221 in W. Galenson, ed., *Economic Growth and Structural Change in Taiwan: The Postwar Experience of the Republic of China*. Ithaca: Cornell University Press.

Lynch, D. C. 2004. "Taiwan's Self-Conscious Nation-Building Project."

Asian Survey 44: 513–533.

Mainland Affairs Council. 2004. *Cross-Strait Economic Statistics Monthly,* no. 141. Taipei: Mainland Affairs Council, www.mac.gov.tw.

Mainland Affairs Council. 2005. *Cross-Strait Economic Statistics Monthly,* no. 145. Taipei: Mainland Affairs Council, www.mac.gov.tw.

Mainland Affairs Council. 2010a. *Cross-Strait Economic Statistics Monthly,* no. 205. Taipei: Mainland Affairs Council, www.mac.gov.tw.

Mainland Affairs Council. 2010b. "Survey of Public Views on the Fifth Chiang-Chen Talks." Taipei: Mainland Affairs Council, www.mac .gov.tw.

Mainland Affairs Council. 2011. "Beijing's Hostility Toward ROC." Taipei: Mainland Affairs Council, www.mac.gov.tw.

Mair, P. 1997. *Party System Change: Approaches and Interpretations.* Oxford: Oxford University Press.

Makeham, J. 2005. "Introduction," pp. 1–14 in J. Makeham and A. C. Hsiau, eds., *Cultural, Ethnic, and Political Nationalism in Contemporary Taiwan: Bentuhua.* New York: Palgrave Macmillan.

Makeham, J., and A. C. Hsiau, eds. 2005. *Cultural, Ethnic, and Political Nationalism in Contemporary Taiwan: Bentuhua.* New York: Palgrave Macmillan.

March, J. G., and J. Olsen. 1989. *Rediscovering Institutions: The Organizational Basis of Politics.* New York: Free Press.

Mathews, J. A., and D. S. Cho. 2000. *Tiger Technology: The Creation of a Semiconductor Industry in East Asia.* Cambridge: Cambridge University Press.

Mattlin, M. 2004. "Referendum as a Form of *Zaoshi:* The Instrumental Domestic Political Functions of Taiwan's Referendum Ploy." *Issues and Studies* 40 (2): 155–185.

Mendel, D. 1970. *The Politics of Formosan Nationalism.* Berkeley: University of California Press.

Milbrath, L. W., and M. L. Goel. 1977. *Political Participation.* Chicago: Rand McNally.

Moody, P. R., Jr. 1988. *Political Opposition in Post-Confucian Society.* New York: Praeger.

Moody, P. R. 1992. *Political Change on Taiwan: A Study of Ruling Party Adaptability.* New York: Praeger.

Moon, B. E. 1991. *The Political Economy of Basic Human Needs.* Ithaca: Cornell University Press.

Moon, C. I. 1988. "The Demise of a Developmentalist State? Neoconservative Reforms and Political Consequences in South Korea." *Journal of Developing Societies* 4: 67–84.

Moon, C. I., and R. Prasad. 1994. "Beyond the Developmental State: Networks, Politics, and Institutions." *Governance* 7: 360–386.

Morris, M. D. 1979. *Measuring the Condition of the World's Poor: The Physical Quality of Life Index.* New York: Pergamon.

Muller, J. Z. 1993. *Adam Smith in His Time and Ours: Designing the Decent Society.* New York: Free Press.

Myers, R. H. 1984. "The Economic Transformation of the Republic of China on Taiwan." *China Quarterly* 99: 500–528.

Myers, R. H. 1986. "The Economic Development of the Republic of China on Taiwan, 1965–1981," pp. 13–64 in L. J. Lau, ed., *Models of Development: A Comparative Study of Economic Growth in South Korea and Taiwan.* San Francisco: Institute for Contemporary Studies.

Myers, R. H. 1987. "Political Theory and Recent Political Developments in the Republic of China." *Asian Survey* 27: 1003–1022.

Nathan, A. J., and H. V. S. Ho. 1993. "Chiang Ching-kuo's Decision for Political Reform," pp. 31–61 in S. C. Leng, ed., *Chiang Ching-kuo's Leadership in the Development of the Republic of China on Taiwan.* Lanham, MD: University Press of America.

Nau, H. R. 1990. *The Myth of America's Decline: Leading the World Economy into the 1990s.* New York: Oxford University Press.

Naughton, B. 1993. *Growing Out of the Plan: Chinese Economic Reform, 1978–1993.* Cambridge: Cambridge University Press.

Naughton, B., ed. 1997. *The China Circle: Economics and Electronics in the PRC, Taiwan, and Hong Kong.* Washington, DC: Brookings Institution Press.

Naughton, B. 2007. *The Chinese Economy: Transitions and Growth.* Cambridge: MIT Press.

Neubauer, D. E. 1967. "Some Conditions of Democracy." *American Political Science Review* 61: 1002–1009.

Noble, G. W. 1998. *Collective Action in East Asia: How Ruling Parties Shape Industrial Policy.* Ithaca: Cornell University Press.

North, D. C. 1990. *Institutions, Institutional Change, and Economic Performance.* Cambridge: Cambridge University Press.

O'Donnell, G., P. C. Schmitter, and L. Whitehead, eds. 1986. *Transitions from Authoritarian Rule: Prospects for Democracy.* Baltimore: Johns Hopkins University Press.

Okimoto, D. I. 1989. *Between MITI and the Market: Japanese Industrial Policy for High Technology.* Stanford: Stanford University Press.

Olson, M., Jr. 1982. *The Rise and Decline of Nations: Economic Growth, Stagflation and Social Rigidities.* New Haven: Yale University Press.

Pack, H. 1992. "New Perspectives on Industrial Growth in Taiwan," pp.

73–120 in G. Ranis, ed., *Taiwan: From Developing to Mature Economy*. Boulder: Westview.

Phillips, S. E. 2003. *Between Assimilation and Independence: The Taiwanese Encounter Nationalist Chinese Rule, 1945–1950*. Stanford: Stanford University Press.

Pollock, P. H. 1983. "The Participatory Consequences of Internal and External Political Efficacy: A Research Note." *Western Political Quarterly* 36: 400–409.

Powell, G. B., Jr. 1982. *Contemporary Democracies: Participation, Stability, and Violence*. Cambridge: Harvard University Press.

Prebisch, R. 1950. *The Economic Development of Latin America and Its Principal Problems*. New York: Free Press.

Pun, A. 1992. "FPG Retools Its Naphtha Cracker Proposal." *Free China Journal,* November 27.

Pye, L. W. 1966. *Aspects of Political Development*. Boston: Little, Brown.

Ranis, G. 1979. "Industrial Development," pp. 206–262 in W. Galenson, ed., *Economic Growth and Structural Change in Taiwan: The Postwar Experience of the Republic of China*. Ithaca: Cornell University Press.

Ranis, G., and C. Schive. 1985. "Direct Foreign Investment in Taiwan's Development," pp. 85–137 in W. Galenson, ed., *Foreign Trade and Investment: Economic Development in the Newly Industrializing Asian Countries*. Madison: University of Wisconsin Press.

Rawnsley, G. 2004. "The Day After the Night Before: Thoughts on the 2004 Presidential Election." Taiwan Perspective e-Paper. Nottingham: Institute for National Policy Research, www.tp.org.tw.

Rigger, S. 1999a. "Is Taiwan Independence *Passé*? Public Opinion, Party Platforms, and National Identity in Taiwan," pp. 47–70 in C. M. Chao and C. Clark, eds., *The ROC on the Threshold of the 21st Century: A Paradigm Reexamined*. Baltimore: Maryland Series in Contemporary Asian Studies, School of Law, University of Maryland.

Rigger, S. 1999b. *Politics in Taiwan: Voting for Democracy*. London: Routledge.

Rigger, S. 2001. *From Opposition to Power: Taiwan's Democratic Progressive Party*. Boulder: Lynne Rienner.

Rigger, S. 2003. "Taiwan in 2002: Another Year of Political Droughts and Typhoons." *Asian Survey* 43: 41–48.

Rigger, S. 2004. "Taiwan in 2003: Plenty of Clouds, Few Silver Linings." *Asian Survey* 44: 182–187.

Rigger, S. 2005. "The Unfinished Business of Taiwan's Democratization," pp. 16–42 in N. B. Tucker, ed., *Dangerous Strait: The US-China-Taiwan Crisis*. New York: Columbia University Press.

Rigger, S. 2007. "The Politics of Constitutional Reform in Taiwan." Paper presented at the Conference on Taiwan's Democracy and Future: Economic and Political Challenges, Georgia State University, Atlanta.

Rigger. S. 2010. "Ma's Puzzling Midterm Malaise." *Brookings Northeast Asian Commentary* 37. Washington, DC: Brookings Institution, www.brookings.edu.

Rigger. S. 2011. "Strawberry Jam: National Identity, Cross-Strait Relations, and Taiwan's Youth," pp. 78–95 in C. Clark, ed., *The Changing Dynamics of Relations Among China, Taiwan, and the United States*. Cambridge: Cambridge Scholars.

Riker, W. H. 1982. *Liberalism Against Populism: A Confrontation Between the Theory of Democracy and the Theory of Social Choice*. San Francisco: W. H. Freeman.

Robinson, J. A. 1997. "Consensus Forged." *Free China Review* 47: 30–32.

Rostow, W. W. 1960. *The Stages of Economic Growth: A Non-Communist Manifesto*. Cambridge: Cambridge University Press.

Rubinstein, M. A. 1995. "Taiwan Experience in Fukien: A Case Study of Socio-Religious and Economic Relations Between the R.O.C. and P.R.C." Paper presented at the International Conference on Asian Affairs, St. John's University, New York.

Sartori, G. 1976. *Parties and Party Systems: A Framework for Analysis*. Cambridge: Cambridge University Press.

Sartori, G. 1986. "The Influence of Electoral Systems: Faulty Laws or Faulty Methods?" pp. 43–68 in B. Grofman and A. Lijphart, eds., *Electoral Laws and Their Political Consequences*. New York: Agathon Press.

Schive, C. 1987. "Trade Patterns and Trends of Taiwan," pp. 307–331 in C. I. Bradford Jr. and W. H. Branson, eds., *Trade and Structural Change in Pacific Asia*. Chicago: University of Chicago Press.

Schive, C. 1990. *The Foreign Factor: The Multinational Corporation's Contribution to the Economic Modernization of the Republic of China*. Stanford: Hoover Institution Press.

Schumpeter, J. A. 1950. *Capitalism, Socialism, and Democracy,* 3rd ed. New York: Harper and Row.

Scitovsky, T. 1986. "Economic Development in Taiwan and South Korea, 1965–1981," pp. 135–195 in L. J. Lau, ed., *A Comparative Study of Economic Growth in South Korea and Taiwan*. San Francisco: Institute for Contemporary Studies.

Shen, S. C., and N. T. Wu. 2008. "Ethnic and Civil Nationalisms: Two Roads Toward the Formation of a Taiwanese Nation," pp. 117–143 in P. C. Y. Chow, ed., *The "One China" Dilemma*. New York: Palgrave Macmillan.

Sheng, S. Y. 2000. "Why Do Legislators Wander Among Different Committees?" pp. 361–399 in J. W. Lin, ed., *Political Institutions*. Taipei: Academia Sinica (in Chinese).

Sheridan, J. E. 1975. *China in Disintegration: The Republican Era in Chinese History, 1912–1949*. New York: Free Press.

Silin, R. H. 1976. *Leadership and Values: The Organization of Large-Scale Taiwanese Enterprises*. Cambridge: Harvard University Press.

Simon, D. F. 1988. "Technology Transfer and National Autonomy," pp. 206–223 in E. A. Winckler and S. Greenhalgh, eds., *Contending Approaches to the Political Economy of Taiwan*. Armonk, NY: M. E. Sharpe.

Skoggard, I. A. 1996. *The Indigenous Dynamic in Taiwan's Postwar Development: The Religious and Historical Roots of Entrepreneurship*. Armonk, NY: M. E. Sharpe.

Small and Medium Enterprises Administration, Ministry of Economic Affairs. 2008. *2008 White Paper on SMEs in Taiwan*. Taipei: Ministry of Economic Affairs.

Smith, A. 1975. *The Wealth of Nations*. New York: Dutton.

Sutter, R. G. 1988. *Taiwan: Entering the 21st Century*. Lanham, MD: University Press of America.

Sutter, R. G., and W. R. Johnson, eds. 1994. *Taiwan in World Affairs*. Boulder: Westview.

Tai, H. C. 1970. "The Kuomintang and Modernization in Taiwan," pp. 406–436 in S. P. Huntington and C. H. Moore, eds., *Authoritarian Politics in Modern Society: The Dynamics of Established One-Party Systems*. New York: Basic Books.

Tan, A. C. 2001. "Taiwan: Sustained State Autonomy and a Step Back from Liberalization," pp. 165–176 in S. Horowitz and U. Heo, eds., *The Political Economy of International Financial Crises: Interest Groups, Ideologies, and Institutions*. Lanham, MD: Rowman and Littlefield.

Tan, A. C. 2004. "Dynamics of Citizen Politics and Party System in Taiwan: Duverger, Lipset and Rokkan Revisited." Paper presented at the Taiwan Election and Democratization Studies International Conference, Academia Sinica, Taipei.

Tan, A. C. 2006. "Conventional and Unconventional Participation: The Cases of New Zealand and Taiwan." Paper presented at the Taiwan

Election and Democratization Studies International Conference, National Cheng-chi University, Taipei.

Tan, A. C. 2008. "From State Entrepreneurs to Political Entrepreneurs: Democratization and the Politics of Financial Liberalization in Taiwan," pp. 153–166 in P. Paolino and J. Meernik, eds., *Democratization in Taiwan: Challenges in Transformation*. Burlington, VT: Ashgate.

Thorbecke, E. 1979. "Agricultural Development," pp. 132–205 in W. Galenson, ed., *Economic Growth and Structural Change in Taiwan: The Postwar Experience of the Republic of China*. Ithaca: Cornell University Press.

Thurow, L. 1992. *Head to Head: The Coming Battle Among Japan, Europe, and America*. New York: Warner.

Tien, H. M. 1989. *The Great Transition: Political and Social Change in the Republic of China*. Stanford: Hoover Institution Press.

Tien, H. M., ed. 1996a. *Taiwan's Electoral Politics and Democratic Transition: Riding the Third Wave*. Armonk, NY: M. E. Sharpe.

Tien, H. M. 1996b. "Taiwan in 1995: Electoral Politics and Cross-Strait Relations." *Asian Survey* 36: 33–40.

Tien, H. M., and C. Y. Tung. 2011. "Taiwan in 2011: Mapping for a New Political Landscape and Economic Outlook." *Asian Survey* 51: 76–84.

Tsai, W. H. 1987. "Taiwan's Social Development," pp. 125–138 in H. Chiu, ed., *Survey of Recent Developments in China (Mainland and Taiwan), 1985–1986*. Baltimore: Maryland Series in Contemporary Asian Studies, School of Law, University of Maryland.

Tu, W. M. 1998. "Cultural Identity and the Politics of Recognition in Contemporary Taiwan," pp. 71–96 in D. Shambaugh, ed., *Contemporary Taiwan*. Oxford: Clarendon Press.

Tucker, N. B., ed. 2005. *Dangerous Strait: The US-Taiwan-China Crisis*. New York: Columbia University Press.

Tucker, N. B. 2009. *Strait Talk: United States-Taiwan Relations and the Crisis Within China*. Cambridge: Harvard University Press.

Vernon, R. 1966. "International Investment and International Trade in the Product Cycle." *Quarterly Journal of Economics* 80: 190–207.

von Mises, L. 1983. *Nation, State, and Economy: Contributions to the Politics and History of Our Time*. New York: New York University Press.

Wachman, A. M. 1994. *Taiwan: National Identity and Democratization*. Armonk, NY: M. E. Sharpe.

Wade, R. 1985. "East Asian Financial Systems as a Challenge to Economics: Lessons from Taiwan." *California Management Review* 27:

106–127.

Wade, R. 1990. *Governing the Market: Economic Theory and the Role of Government in East Asian Industrialization*. Princeton: Princeton University Press.

Wang, F. 1994. "The Political Economy of Authoritarian Clientelism in Taiwan," pp. 181–206 in L. Roniger and A. Gunes-Ayata, eds., *Democracy, Clientelism, and Civil Society*. Boulder: Lynne Rienner.

Wang, F., and Y. C. Mo. 2010. "Legislators Brawl over ECFA Review." *Taipei Times,* July 9.

Wang, F. C. 2005. "Why Bother About School Textbooks? An Analysis of the Origin of the Disputes over *Renshi Taiwan* Textbooks in 1997," pp. 55–99 in J. Makeham and A. C. Hsiau, eds., *Cultural, Ethnic, and Political Nationalism in Contemporary Taiwan: Bentuhua*. New York: Palgrave Macmillan.

Wang, N. T., ed. 1992. *Taiwan's Enterprises in Global Perspective*. Armonk, NY: M. E. Sharpe.

Wang, T. Y. 2000. "One China, One Taiwan: An Analysis of the Democratic Progressive Party's China Policy," pp. 159–182 in W. C. Lee, ed., *Taiwan in Perspective*. Leiden: Brill.

Wang, T. Y. 2003. "Assessing Chen Shui-bian's Cross-Strait Policy." Paper presented at the University of South Carolina's Conference on Taiwan Issues, Charleston.

Wang, T. Y. 2009. "Cross-Strait Rapprochement, Domestic Politics, and the Future of the TRA." Paper presented at the Conference on Thirty Years After the Taiwan Relations Act, University of South Carolina, Columbia.

Wang, T. Y., and G. A. Chang. 2005. "Ethnicity and Politics in Taiwan: An Analysis of Mainlanders' Identity and Policy Preferences." *Issues and Studies* 41 (4): 35–66.

Wang, V. W. C. 1995. "Developing the Information Industry in Taiwan: Entrepreneurial State, Guerrilla Capitalism, and Accommodative Technologists." *Pacific Affairs* 68: 551–576.

Wang, Y. H. 2010. Personal comment at the annual meeting of the American Association for Chinese Studies, Wake Forest University, Winston-Salem, NC.

Wang, Y. L. 2003. "Inter-Party Negotiation in the Legislative Yuan: The Cornerstone of or a Barrier to Democratic Politics?" pp. 67–77 in H. Y. Chiu, J. W. Lin, Y. L. Wang, and S. D. Hawang, eds., *Deconstructing the Legislative Yuan: Reforming the Legislative Yuan*. Taipei: Yun-chen (in Chinese).

Wei, Y. 1973. "Taiwan: A Modernizing Chinese Society," pp. 435–505 in

P. K. T. Sih, ed., *Taiwan in Modern Times*. New York: St. John's University Press.

Wheatley, A. 2000. "Taiwan's Bank Timebomb—Debt Crisis—Brief Article." *Business Asia,* October, http://findarticles.com/p/articles /mi_m0BJT/is_14_8/ai_67148964 (accessed March 16, 2009).

Wilbur, C. M. 1976. *Sun Yat-sen: Frustrated Patriot*. New York: Columbia University Press.

Williams, J. F. 1994. With C. Y. Chang. "Paying the Price of Economic Development in Taiwan: Environmental Degradation," pp. 237–256 in M. A. Rubinstein, ed., *The Other Taiwan: 1945 to the Present*. Armonk, NY: M. E. Sharpe.

Winckler, E. A. 1981. "Roles Linking State and Society," pp. 50–86 in E. M. Ahern and H. Gates, eds., *The Anthropology of Taiwanese Society*. Stanford: Stanford University Press.

Winckler, E. A. 1984. "Institutionalization and Participation on Taiwan: From Hard to Soft Authoritarianism?" *China Quarterly* 99: 481–499.

Winckler, E. A. 1988. "Elite Political Struggle, 1945–1985," pp. 151–171 in E. A. Winckler and S. Greenhalgh, eds., *Contending Approaches to the Political Economy of Taiwan*. Armonk, NY: M. E. Sharpe.

Winn, J. K. 1994. "Not by Rule of Law: Mediating State-Society Relations in Taiwan Through the Underground Economy," pp. 183–214 in M. A. Rubinstein, ed., *The Other Taiwan: 1945 to the Present*. Armonk, NY: M. E. Sharpe.

Wong, J. 2004. *Healthy Democracies: Welfare Politics in Taiwan and South Korea*. Ithaca: Cornell University Press.

Wong, J. 2010. "From Imitator to Innovator: The Political Economy of Industrial Upgrading in the 21st Century," pp. 131–156 in W. C. Lee, ed., *Taiwan's Politics in the 21st Century: Changes and Challenges*. London: World Scientific Press.

Wong, K. T. W. 2010. "The Emergence of Class Cleavage in Taiwan in the Twenty-First Century." *Issues and Studies* 46 (2): 127–172.

Wong, S. L. 1988. "The Applicability of Asian Family Values to Other Sociocultural Settings," pp. 134–152 in P. L. Berger and H. H. M. Hsiao, eds., *In Search of the East Asian Development Model*. New Brunswick, NJ: Transaction Books.

Woo, J. E. 1991. *Race to Swift: State and Finance in Korean Industrialization*. New York: Columbia University Press.

Wu, H. L. 1988. "A Future for Small and Medium Enterprises?" *Free China Review* 38 (11): 6–10.

Wu, J. J. 1995. *Taiwan's Democratization: Forces Behind the New Momentum*. Hong Kong: Oxford University Press.

Wu, R. I., and C. C. Huang. 2003. "Entrepreneurship in Taiwan: Turning Point to Restart." Paper presented at the US-Japan Dialogue on Entrepreneurship in Asia, Tokyo.

Wu, Y. L. 1985. *Becoming an Industrialized Nation: ROC's Development on Taiwan*. New York: Praeger.

Wu, Y. S. 1995. "Economic Reform, Cross-Straits Relations, and the Politics of Issue Linkage," pp. 111–133 in T. J. Cheng, C. Huang, and S. S. G. Wu, eds., *Inherited Rivalry: Conflict Across the Taiwan Straits*. Boulder: Lynne Rienner.

Wu, Y. S. 2001. "Taiwan in 2000: Managing the Aftershocks from Power Transfer." *Asian Survey* 41 (1): 40–48.

Wu, Y. S. 2011. "Strategic Triangle, Change of Guard, and Ma's New Course," pp. 30–61 in C. Clark, ed., *The Changing Dynamics of Relations Among China, Taiwan, and the United States*. Cambridge: Cambridge Scholars.

Yager, J. A. 1988. *Transforming Agriculture in Taiwan: The Experience of the Joint Commission on Rural Reconstruction*. Ithaca: Cornell University Press.

Yang, M. M. C. 1970. *Socio-economic Results of Land Reform in Taiwan*. Honolulu: East-West Center Press.

Yeh, J. R. 2002. "Constitutional Reform and Democratization in Taiwan, 1945–2000," pp. 47–77 in P. C. Y. Chow, ed., *Taiwan's Modernization in Global Perspective*. Westport, CT: Praeger.

Zhao, S., ed. 1999. *Across the Taiwan Strait: Mainland China, Taiwan, and the 1995–1996 Crisis*. New York: Routledge.

Zhao, S. S. 2004. *A Nation-State by Construction: Dynamics of Modern Chinese Nationalism*. Stanford: Stanford University Press.

Zheng, Y. N. 1999. *Discovering Chinese Nationalism in China: Modernization, Identity, and International Relations*. Hong Kong: Cambridge University Press.

國家圖書館出版品預行編目資料

台灣政治經濟學／Cal Clark, Alexander C.
Tan著；劉詩芃等譯. — 初版. -- 臺北市：
五南, 2016.06
　　面；　公分
譯自：Taiwan's political economy
ISBN 978-957-11-8643-6(平裝)
1.臺灣經濟 2.政治經濟 3.經濟史
552.339　　　　　　　　　105009091

1PAL

台灣政治經濟學
Taiwan's Political Economy

作　　者 ─ Cal Clark、Alexander C. Tan

審　　閱 ─ 陳永福(265.6)

譯　　者 ─ 劉詩芃、張采綾、楊雅婷、王珮庭

發 行 人 ─ 楊榮川

總 編 輯 ─ 王翠華

主　　編 ─ 劉靜芬

責任編輯 ─ 吳肇恩

封面設計 ─ P.Design視覺企劃

出 版 者 ─ 五南圖書出版股份有限公司

地　　址：106台北市大安區和平東路二段339號4樓

電　　話：(02)2705-5066　　傳　　真：(02)2706-6100

網　　址：http://www.wunan.com.tw

電子郵件：wunan@wunan.com.tw

劃撥帳號：01068953

戶　　名：五南圖書出版股份有限公司

法律顧問　林勝安律師事務所　林勝安律師

出版日期　2016年 6 月初版一刷

定　　價　新臺幣280元

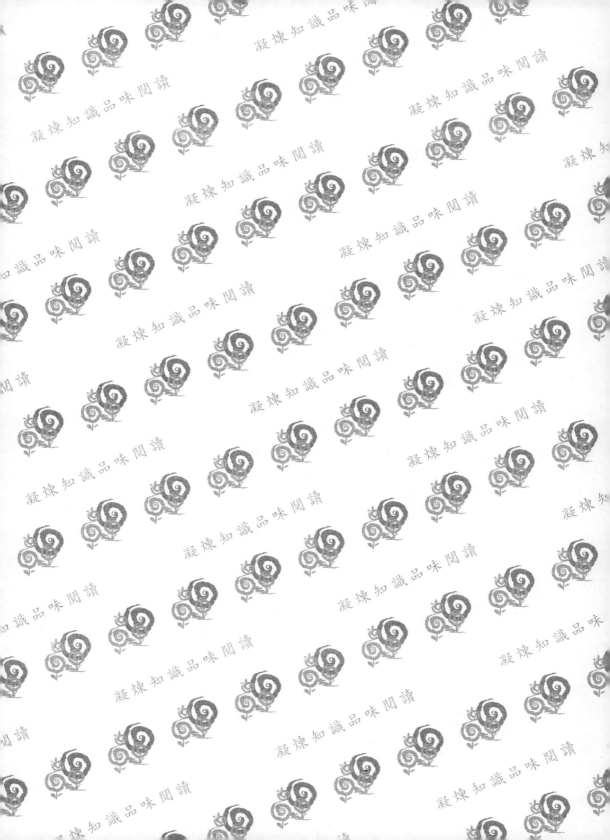